초판 발행일 | 2024년 5월 10일
지은이 | 창의콘텐츠연구소
발행인 | 최용섭
책임편집 | 이준우
기획진행 | 조재건

㈜해람북스   주소 | 서울시 용산구 한남대로 11길 12, 6층
문의전화 | 02-6337-5419
팩스 | 02-6337-5429
홈페이지 | https://class.edupartner.co.kr

발행처 | (주)미래엔에듀파트너
출판등록번호 | 제2020-000101호

ISBN 979-11-6571-198-6 (13000)

이 책은 저작권법에 따라 보호받는 저작물이므로 무단전재와 무단복제를 금지하며,
이 책 내용의 전부 또는 일부를 이용하려면 반드시 저작권자와 (주)미래엔에듀파트너의 서면동의를 받아야 합니다.

※ 잘못된 책은 바꾸어 드립니다.
※ 책 가격은 뒷면에 있습니다.

이 책의 구성

- 핵심 내용이 무엇인지 키워드로 파악할 수 있습니다.

- 예제 파일과 완성 파일을 제공합니다.

- 오늘 배운 내용을 통해 어떤 작품을 만들 수 있는지 확인할 수 있습니다.

- 이번 시간에 사용할 핵심 기능들이 무엇인지 파악할 수 있습니다.

- 메디방 페인트를 시작하기 전에 손으로 직접 그려보며 학습에 흥미를 돋울 수 있습니다.

- 소제목을 통해 구체적으로 어떤 것을 배우는지 파악할 수 있습니다.

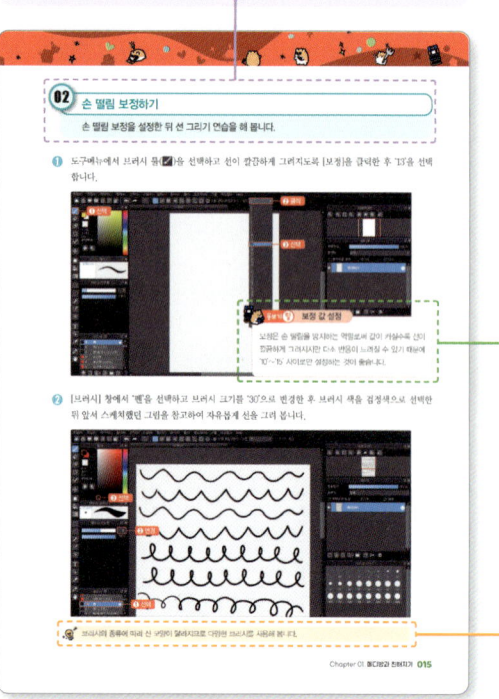

- 본문 설명 중 부족한 내용을 추가로 설명하여 명확하게 내용 파악을 할 수 있습니다.

- 다른 생각도 해볼 수 있도록 아이디어를 제공합니다.

본문에서 배운 내용을 심화된 내용으로 한번 더 학습할 수 있습니다.

문제를 해결하는 데 필요한 힌트를 제공합니다.

메디방 페인트에서 그린 그림을 활용하여 엔트리 게임에 적용시킬 수 있습니다.

그동안 배운 내용들을 활용하여 나만의 웹툰을 만들 수 있습니다.

프로그램 다운로드 방법

❶ 인터넷 검색창에 '메디방 페인트'를 검색하거나 인터넷 주소창에 (https://medibangpaint.com/en/)를 입력하여 메디방 페인트 홈페이지에 접속합니다.

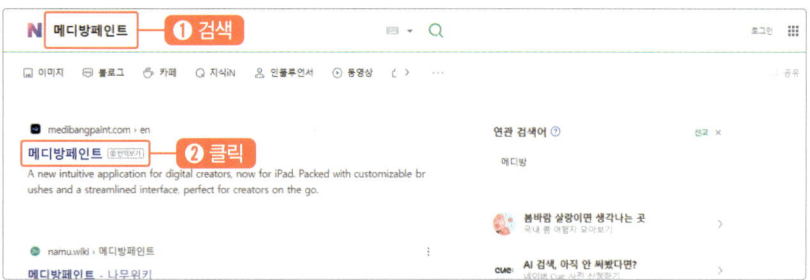

❷ 메디방 페인트 홈페이지 상단에 있는 'Download'를 클릭하여 'Download' 페이지로 이동합니다.

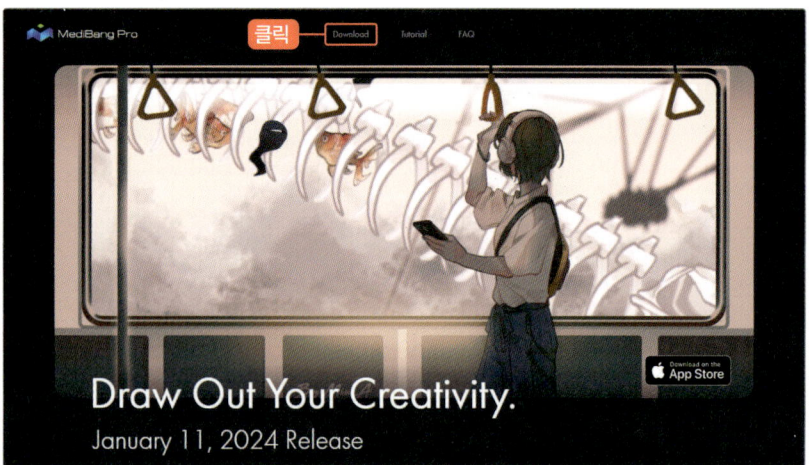

❸ MediBang Paint Pro 항목의 Windows 버튼을 클릭하고 '메디방 페인트' 설치 파일을 다운로드 받습니다. 그리고 설치 파일을 더블 클릭하여 메디방 페인트 프로그램 설치를 시작합니다.

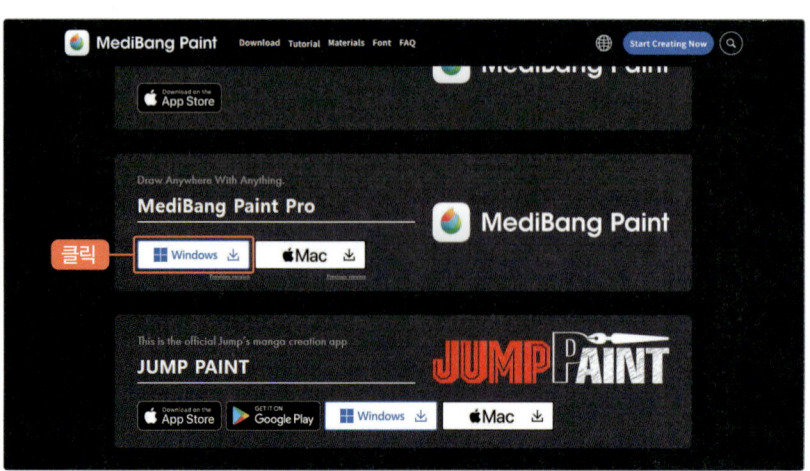

❹ [설치 언어 선택] 대화상자가 나타나면 'Korean'으로 설정하고 [확인] 버튼을 클릭합니다. 그리고 프로그램을 설치할 위치를 설정한 후 [다음] 버튼을 클릭합니다.

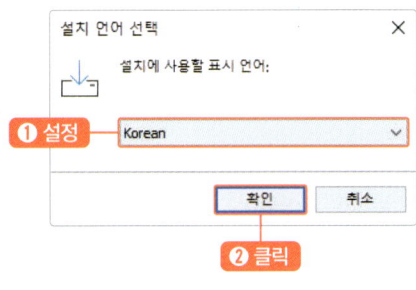 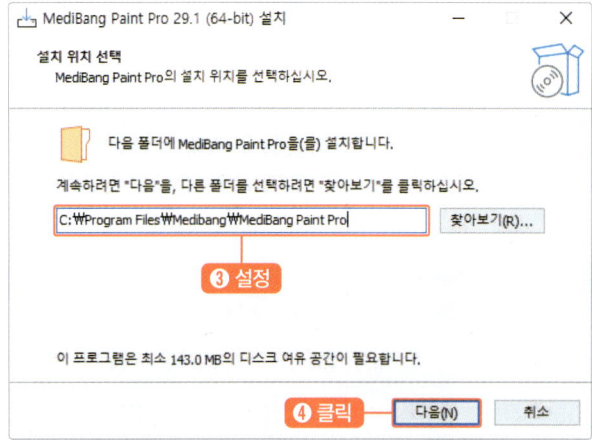

❺ 메디방 페인트 프로그램 설치 파일들을 저장할 위치를 설정하고 [다음] 버튼을 클릭합니다. 그리고 '바탕화면에 바로가기 만들기'를 체크하고 [다음] 버튼을 클릭합니다.

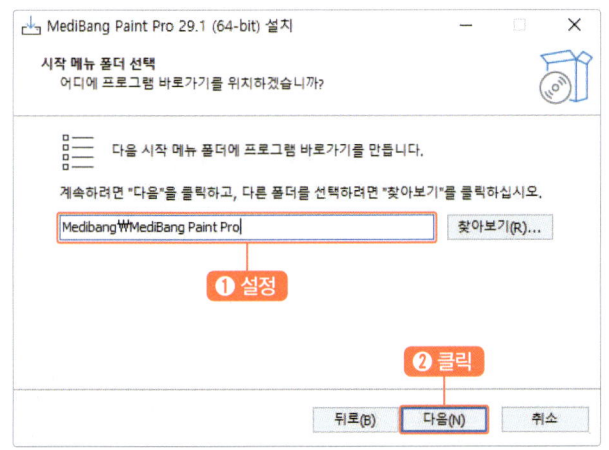 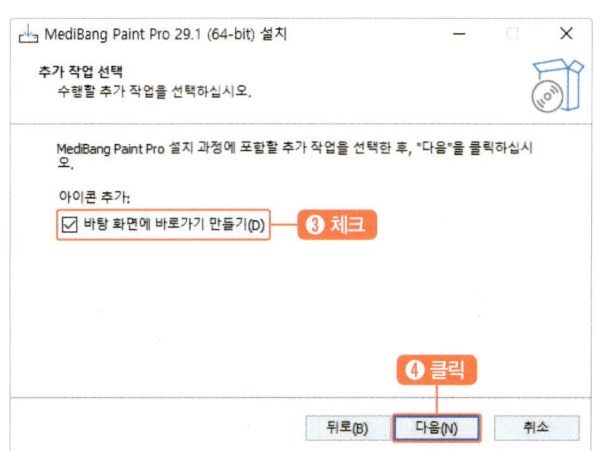

❻ [설치] 버튼을 클릭하여 프로그램을 설치하고 설치가 완료되면 [종료] 버튼을 클릭합니다.

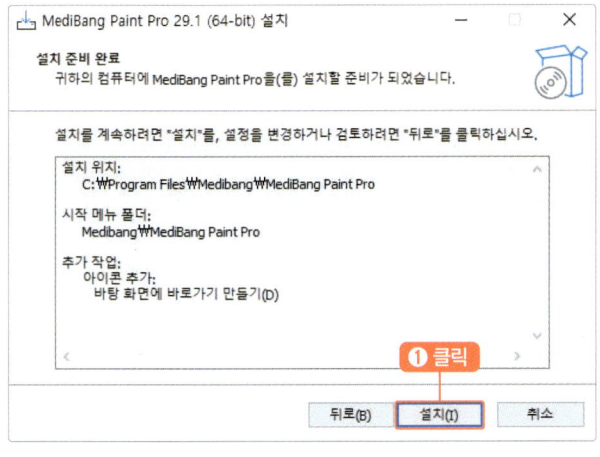 

네이버 웹툰에 작품 올리기

① Microsoft Edge( ), Chrome( ) 등 웹 브라우저를 실행하여 검색 창에 '네이버 웹툰'을 검색하거나 주소창에 'https://comic.naver.com/challenge'를 입력하여 '네이버 웹툰' 페이지에 접속합니다.

② 완성한 웹툰 원고를 올리기 위해 네이버에 로그인한 후 [CREATOR'S]를 클릭하고 [WEBTOON CREATOR'S] 페이지가 나타나면 [신규 작품 등록]을 클릭합니다.

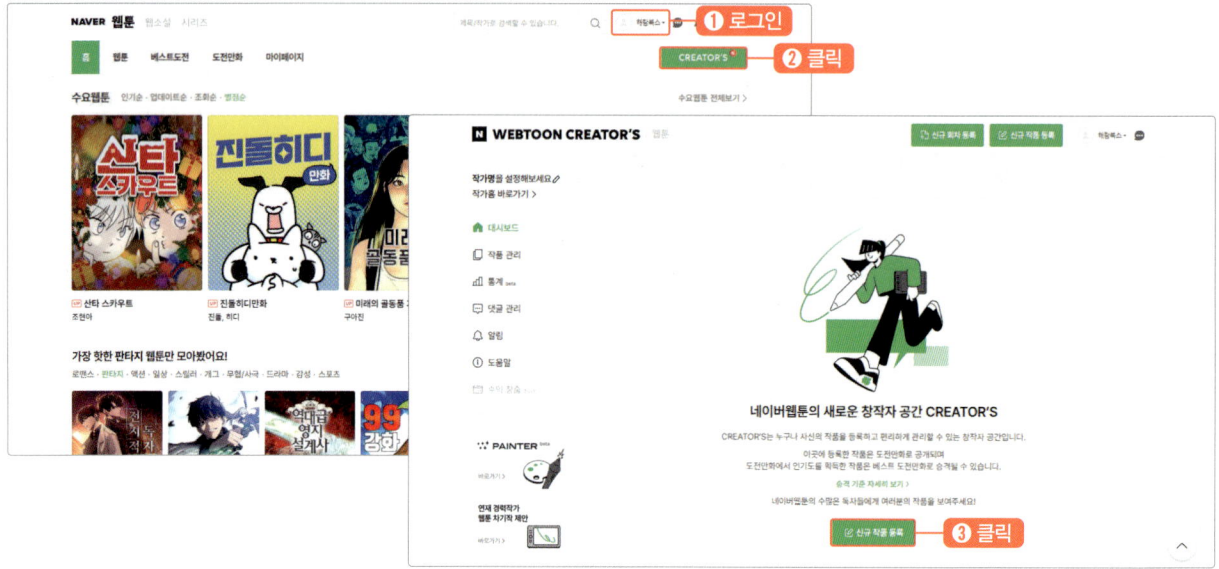

③ [신규 작품 등록] 화면이 나타나면 작품과 관련된 정보를 입력하고 준비된 대표 이미지와 기타 이미지를 등록한 후 [등록 후 1화 올리기]를 클릭합니다.

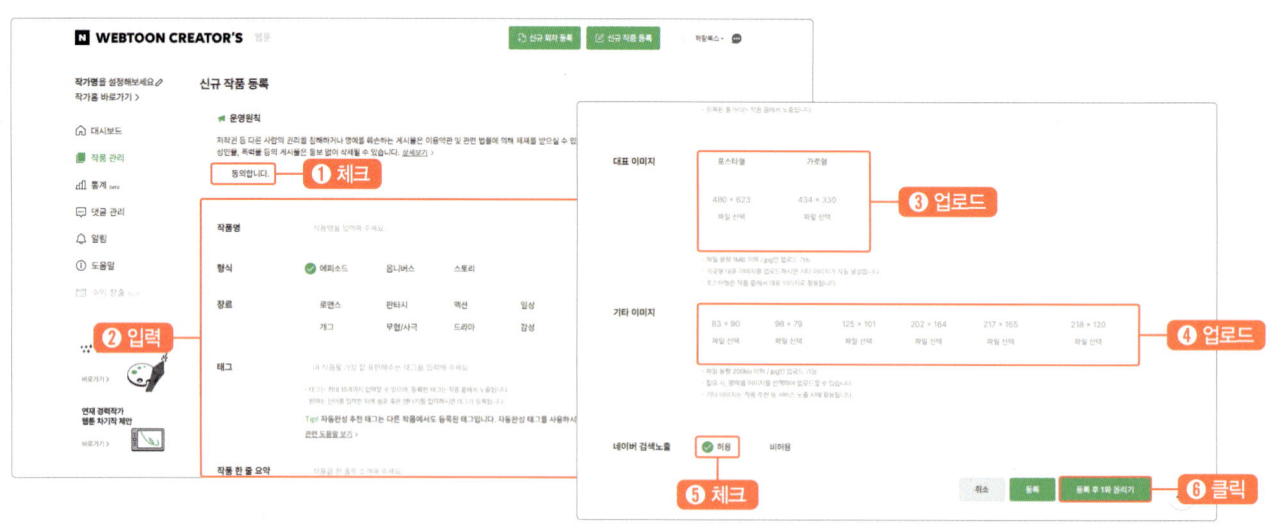

> **업로드 팁**
> 대표 이미지와 기타 이미지들을 업로드 할 때 각각 사이즈가 다른 이미지들이 필요하므로 사이즈들을 확인하고 업로드 합니다.

❹ [신규 회차 등록] 창이 나타나면 '회차명'을 입력하고 '대표 이미지', '원고' 등을 업로드합니다. 그리고 작가의 말을 입력하고 댓글 기능과 공개 설정을 체크한 후 운영원칙 동의에 체크한 뒤 [등록]을 클릭합니다.

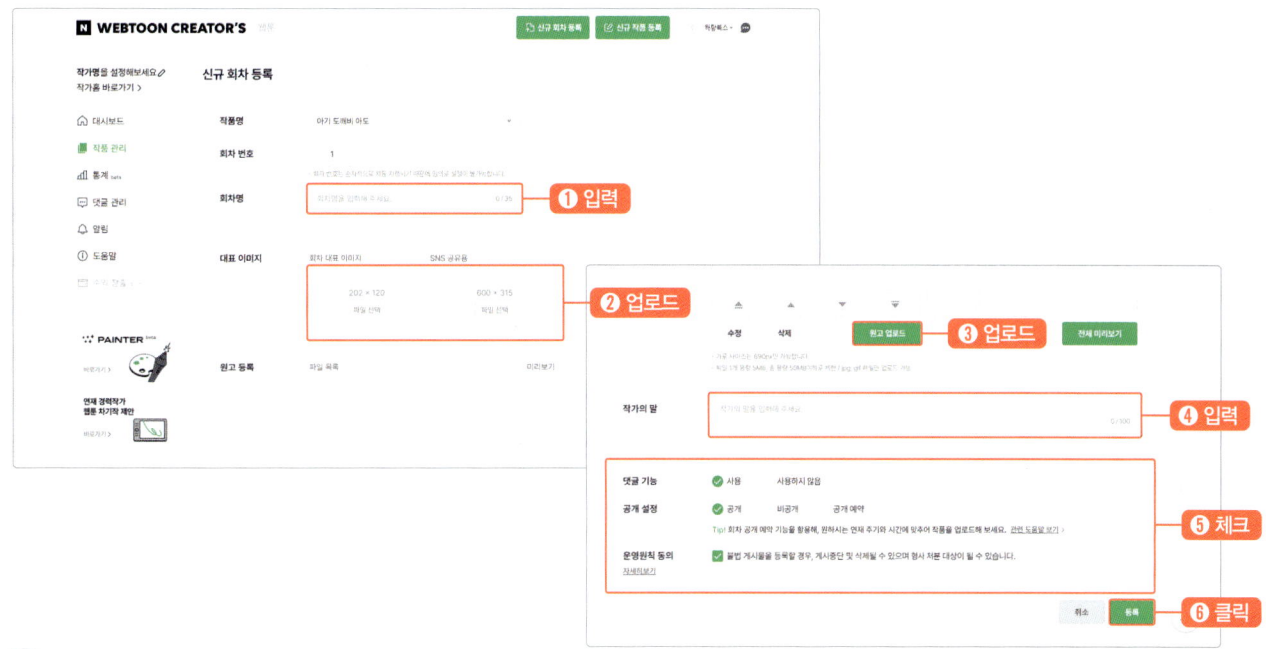

> **업로드 팁**
> - 원고의 가로 사이즈는 690px이어야만 업로드가 가능합니다.
> - 원고 등록을 할 때 파일 1개 용량은 5MB, 총 용량은 50MB 이하로 제한합니다.
> - 파일 1개 용량이 5MB가 넘을 경우 여러 페이지로 나눠 저장하도록 합니다.
> - 파일 확장자가 jpg, gif 파일인 경우에만 업로드가 가능합니다.

❺ 작품이 등록되면 [작품 관리]에서 등록된 작품을 확인합니다.

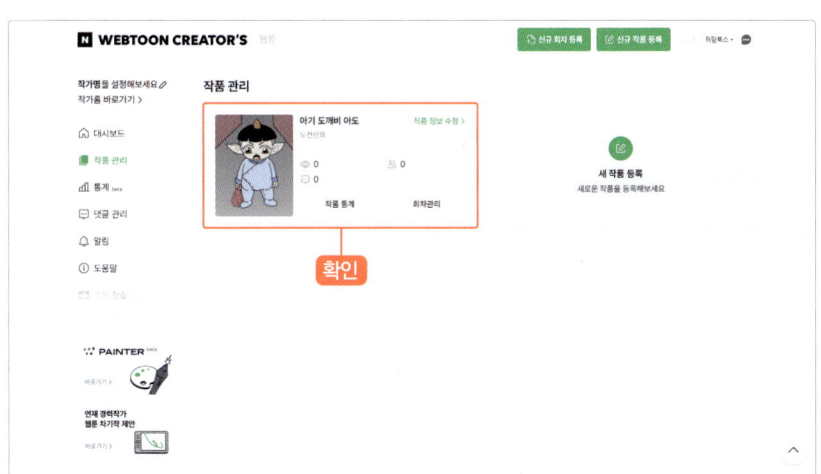

이 책의 목차

● 브러시로 드로잉!

01 메디방과 친해지기 ········· 010

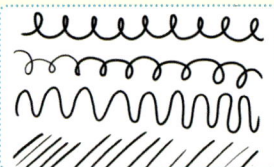

03 다정이를 꾸며주세요! ········· 030

05 옷을 색칠해봐요! ········· 044

02 귀여운 강아지 그리기 ········· 020

04 나만의 옷을 꾸며보자! ········· 038

06 병아리 구하기 게임 만들기 ········· 052

● 알록달록 채색하기!

07 그림자를 그려보자! ········· 060

09 숲을 그려봐요! ········· 078

11 선화를 추출해보자! ········· 096

08 반짝반짝 빛나는 내 모습! ········· 068

10 찰랑찰랑 파도 그리기 ········· 088

12 예쁜 어항 만들기 ········· 104

● 쓱싹! 다양하게 그려보자!

13 맛있는 아침 식사! ········· 112

15 동물 캐릭터 그리기 ········· 130

17 이젠 나도 스토리텔러! ········· 148

14 요리보고 조리보고! ········· 124

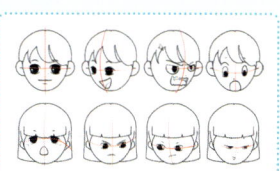

16 두둥! 주인공 등장! ········· 138

18 4컷 만화 그리기 ········· 156

● 다채로운 효과 적용하기!

19 비율을 맞춰봐요! ········· 164

21 반짝반짝 빛나는 조명! ········· 182

23 분위기 반전시키기 ········· 196

20 그림을 흐리게 바꾼다면? ········· 174

22 나만의 눈동자 그리기 ········· 188

24 웹툰 작가 도전하기! ········· 204

아기 도깨비
와도

CHAPTER 01 메디방과 친해지기

#브러시 #선 그리기 #보정

▶ 완성 파일 : 01강 완성.png

오늘의 학습목표

- 메디방 페인트의 화면 구성을 확인할 수 있습니다.
- 캔버스의 크기를 조절하여 새로운 페이지를 생성할 수 있습니다.
- 손 떨림 보정을 사용하여 깔끔한 선을 그릴 수 있습니다.
- 지우개 툴을 사용하여 불필요한 선을 지울 수 있습니다.

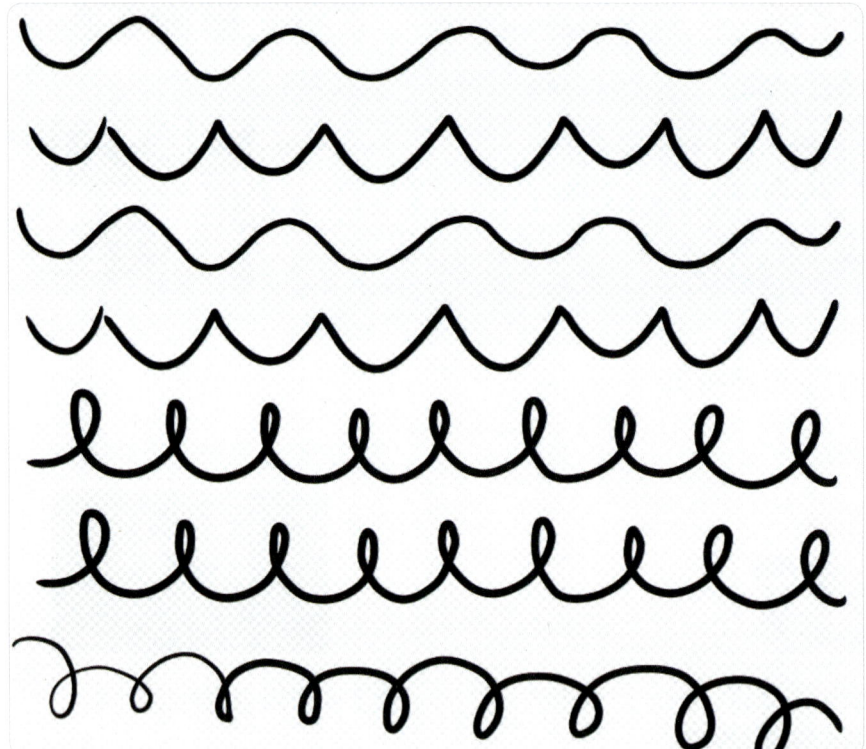

핵심 POINT

▶ 브러시 툴(🖌) : 그림을 그릴 때 사용하는 도구입니다.
▶ 지우개 툴(◆) : 캔버스에 그린 그림을 지울 수 있는 도구입니다.
▶ 보정 : 그림을 그릴 때 손이 떨리는 것을 방지해 주는 기능입니다.

드로잉 스케치!

오늘부터 시작된 메디방 페인트 수업! 첫 수업인 만큼 선 그리는 연습을 해볼 거예요. 메디방 페인트로 그리기 전에 손으로 한번 연습해 볼까요?

★ 손으로 오늘 그릴 그림을 스케치해 봅니다.

01 메디방 페인트의 화면 구성 확인하기

새로운 페이지를 생성한 후 메디방 페인트의 화면 구성을 확인해 봅니다.

① 메디방 페인트() 프로그램을 더블 클릭하여 실행하고 [로그인], [medibang 클라우드 서비스] 등의 대화상자가 나타나면 전부 [닫기(X)]를 클릭하여 닫습니다.

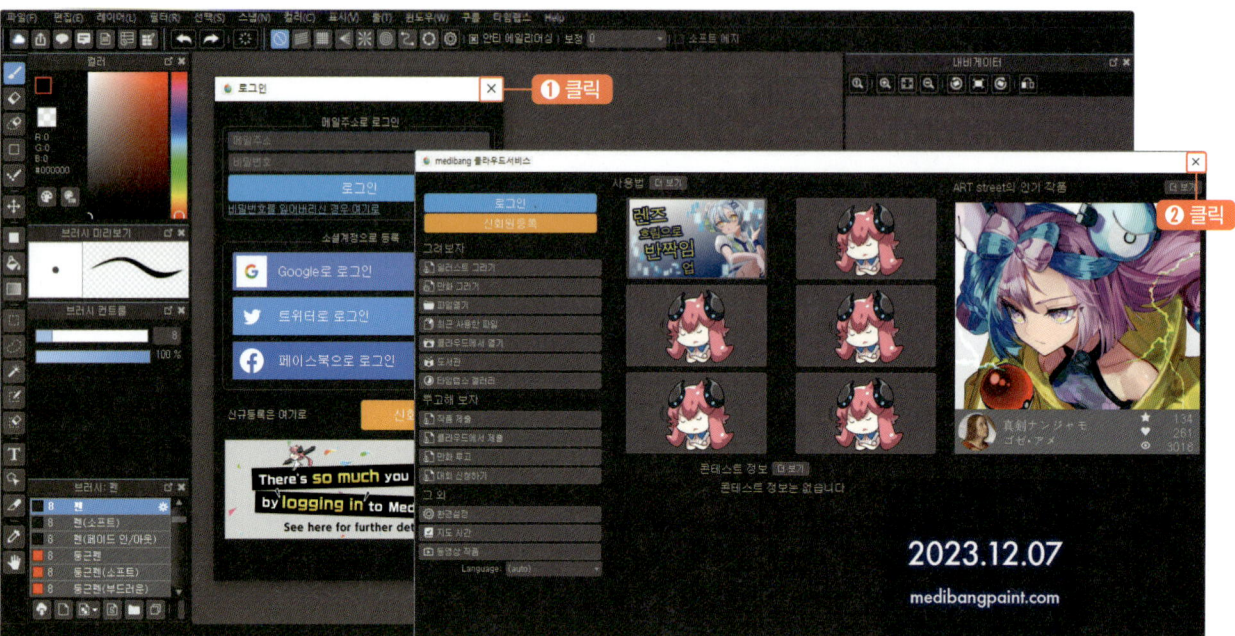

② 새로운 캔버스를 생성하기 위해 [파일]-[신규 작성]을 클릭하고 [이미지의 신규 작성] 대화상자가 나타나면 [용지 사이즈]에서 [A4]를 선택한 후 [확인] 버튼을 클릭합니다.

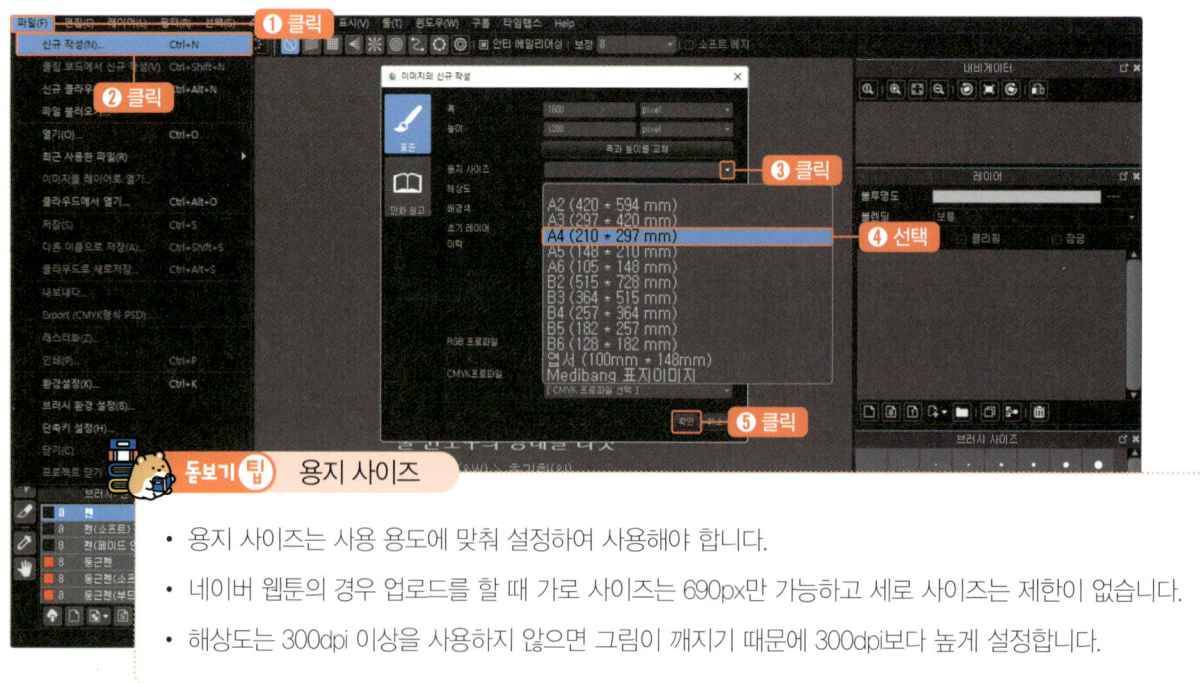

돋보기 팁 | 용지 사이즈

- 용지 사이즈는 사용 용도에 맞춰 설정하여 사용해야 합니다.
- 네이버 웹툰의 경우 업로드를 할 때 가로 사이즈는 690px만 가능하고 세로 사이즈는 제한이 없습니다.
- 해상도는 300dpi 이상을 사용하지 않으면 그림이 깨지기 때문에 300dpi보다 높게 설정합니다.

❸ 메디방 페인트의 화면 구성을 확인합니다.

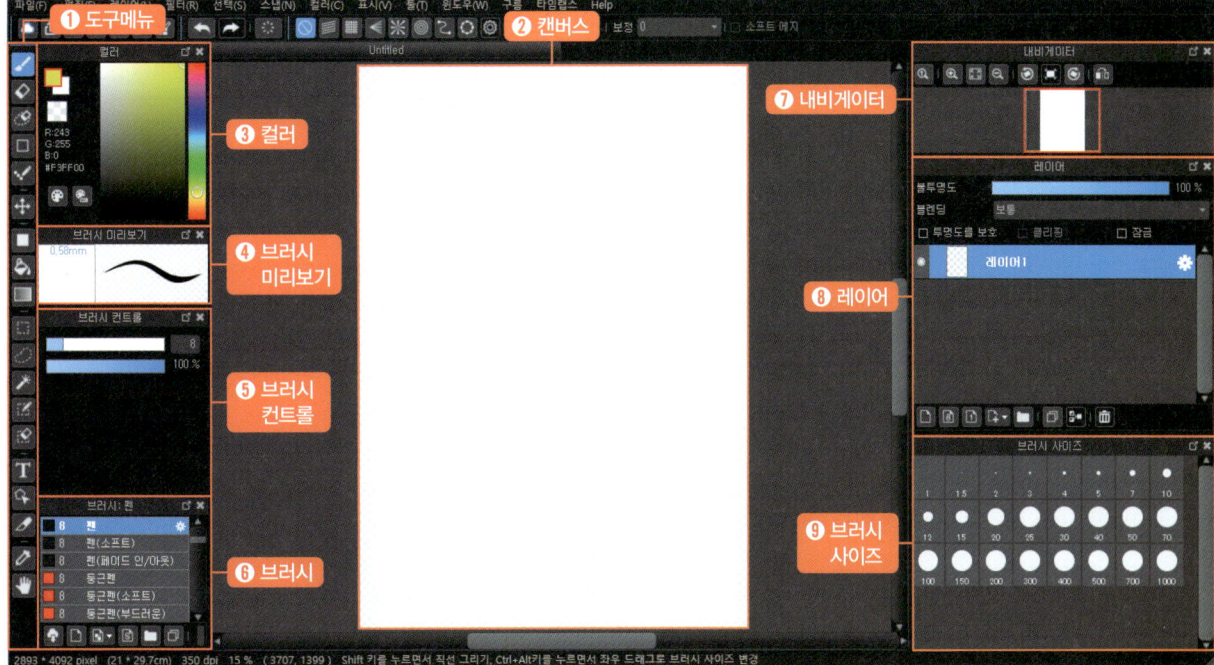

❶ 도구메뉴 : 그림을 그리는 데 사용하는 도구들이 모여 있는 툴박스(Toolbox)입니다.

도구명	이미지	단축키	기능
브러시 툴		B	그림을 그릴 때 사용하는 도구입니다.
지우개 툴		E	캔버스에 그린 그림을 지울 수 있는 도구입니다.
지우개 (올가미) 툴		없음	캔버스에 그린 그림을 올가미로 선택하여 지울 수 있는 도구입니다.
도형브러시 툴		U	테두리가 있는 도형을 그릴 수 있는 도구입니다.
도트 툴		Shift + B	점을 찍을 수 있는 도구입니다.
이동 툴		V	선택한 레이어를 이동할 수 있는 도구입니다.
채우기 툴		N	선택된 색으로 채워진 도형을 그릴 수 있는 도구입니다.
버킷 툴		G	선으로 둘러싸인 곳의 색을 한번에 채울 수 있는 도구입니다.
그라데이션 툴		Shift + G	그라데이션으로 색을 채워 넣을 수 있는 도구입니다.
선택 툴		M	선택한 도형으로 영역을 지정할 수 있는 도구입니다.
올가미 도구		L	영역을 자유롭게 지정할 수 있는 도구입니다.
자동선택 툴		W	선으로 둘러싸인 영역을 자동으로 지정할 수 있는 도구입니다.
선택 펜 툴		S	색칠한 부분 그대로 영역을 지정할 수 있는 도구입니다.
선택 지우개 툴		Shift + S	선택된 영역을 지우개로 지우면서 조절할 수 있는 도구입니다.
텍스트 툴		T	글자를 입력할 수 있는 도구입니다.
조작 툴		O	만화의 칸을 이동하거나 조절할 때 사용하는 도구입니다.
분할 툴		Shift + O	만화의 칸을 나눌 때 사용하는 도구입니다.
스포이트 툴		I	선택한 그림의 색을 추출하여 사용할 수 있는 도구입니다.
손바닥 툴		H	캔버스를 이동시킬 수 있는 도구입니다.

Chapter 01. 메디방과 친해지기 **013**

❷ 캔버스 : 그리기 도구메뉴로 그림을 그릴 수 있는 공간입니다. 캔버스의 크기는 새로운 캔버스를 생성할 때 설정할 수 있고 [편집]-[캔버스 사이즈]를 통해 조절할 수 있습니다.

 캔버스 조작 방법

- 캔버스 확대 및 축소 : 마우스 휠을 당기거나 밀기
- 캔버스 화면 이동 : 손바닥 툴( )을 선택하고 마우스로 캔버스의 화면을 클릭하여 이동하기
- 캔버스 화면 회전 : 손바닥 툴( )을 선택하고 Shift 키를 누른 상태에서 마우스로 캔버스의 화면을 돌리기

❸ 컬러 : 오른쪽 컬러 막대에서 원하는 색을 선택할 수 있고 왼쪽 팔레트( )에서 색상과 채도와 휘도를 자세하게 조절할 수 있습니다.

 전경색과 배경색( )

- 전경색(노란색) : 그림을 그리거나 색을 칠할 때 사용합니다.
- 배경색(흰색) : 캔버스의 배경색을 의미하며 캔버스 생성 시 지정할 수 있습니다.
- 전경색과 배경색은 키보드의 X 키를 눌러 전환할 수 있습니다.

❹ 브러시 미리보기 : 브러시에 설정된 값을 확인할 수 있습니다.

 브러시 미리보기

- 왼쪽 창 : 브러시의 크기를 숫자로 나타냅니다.
- 오른쪽 창 : 브러시의 모양을 나타냅니다.

❺ 브러시 컨트롤 : [상단바]는 브러시의 크기, [하단바]는 브러시의 불투명도를 설정할 수 있습니다.

불투명도

불투명도의 값이 내려갈수록 선택한 레이어가 흐리게 나타납니다.

❻ 브러시 : 다양한 종류의 브러시가 모여 있는 곳으로 브러시를 추가하거나 삭제할 수도 있습니다.

❼ 내비게이터 : 내비게이터 상단의 조작 버튼으로 캔버스의 축소, 회전, 좌우 반전 등 화면 표시를 바꿀 수 있습니다.

❽ 레이어 : 레이어를 추가, 복제, 통합, 삭제, 편집할 수 있습니다.

❾ 브러시 사이즈 : 특정 크기의 브러시를 선택할 수 있습니다.

02 손 떨림 보정하기

손 떨림 보정을 설정한 뒤 선 그리기 연습을 해 봅니다.

① 도구메뉴에서 브러시 툴(🖌)을 선택하고 선이 깔끔하게 그려지도록 [보정]을 클릭한 후 '13'을 선택합니다.

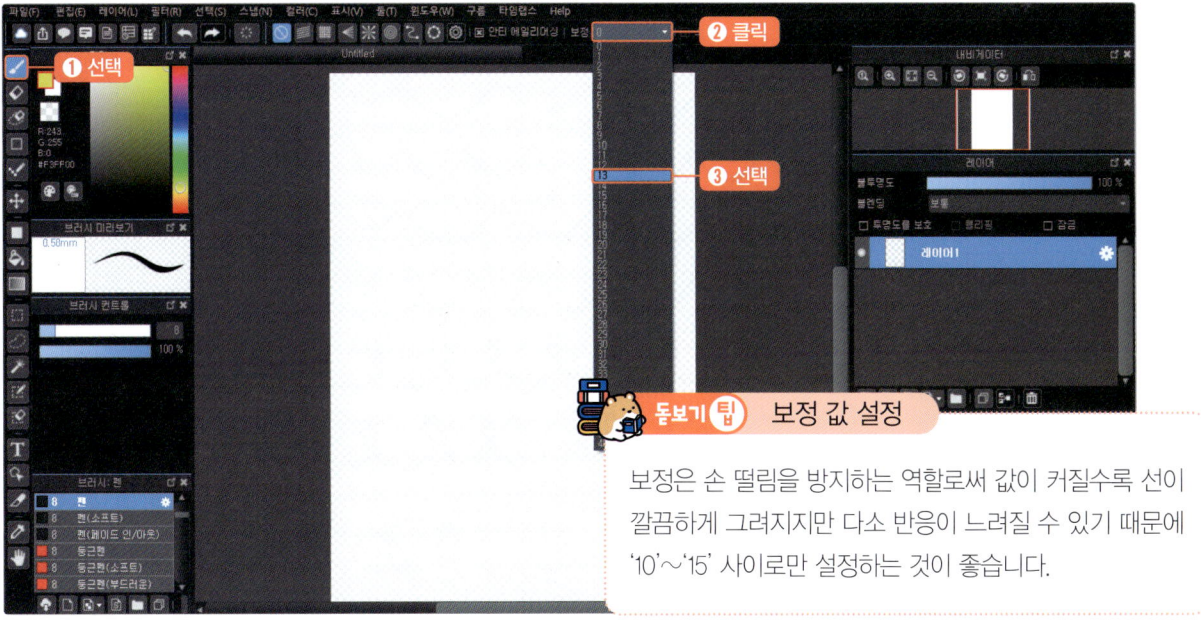

돋보기 팁 보정 값 설정

보정은 손 떨림을 방지하는 역할로써 값이 커질수록 선이 깔끔하게 그려지지만 다소 반응이 느려질 수 있기 때문에 '10'~'15' 사이로만 설정하는 것이 좋습니다.

② [브러시] 창에서 '펜'을 선택하고 브러시 크기를 '30'으로 변경한 후 브러시 색을 검정색으로 선택한 뒤 앞서 스케치했던 그림을 참고하여 자유롭게 선을 그려 봅니다.

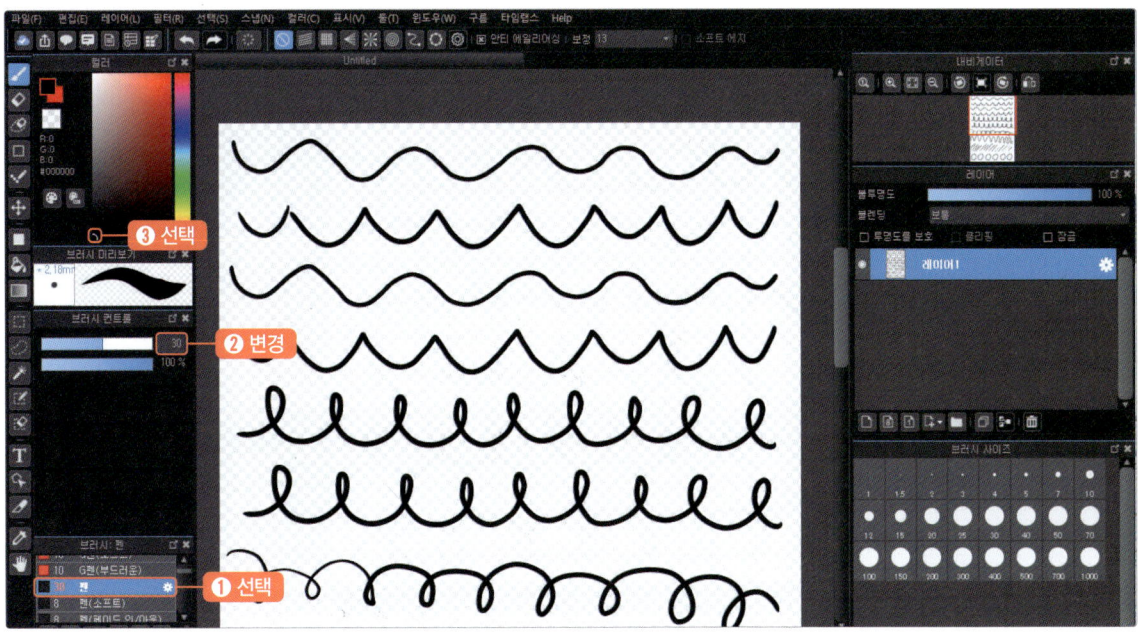

브러시의 종류에 따라 선 모양이 달라지므로 다양한 브러시를 사용해 봅니다.

03 지우개로 선 지우기

지우개 툴을 이용하여 잘못 그린 선을 지워 봅니다.

❶ 선을 모두 그렸다면 지우개 툴()을 선택하고 지우개 크기를 변경한 후 그렸던 선을 지워 봅니다.

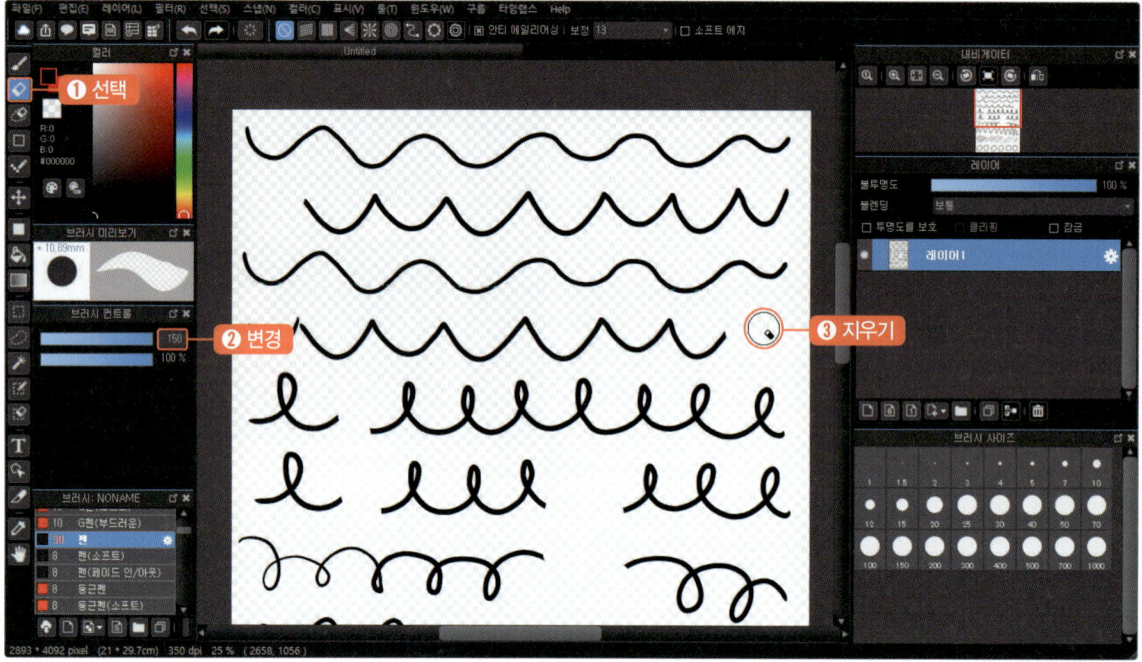

❷ 만약 잘못 지웠다면 Ctrl + Z 키를 눌러 이전 상태로 되돌릴 수 있습니다.

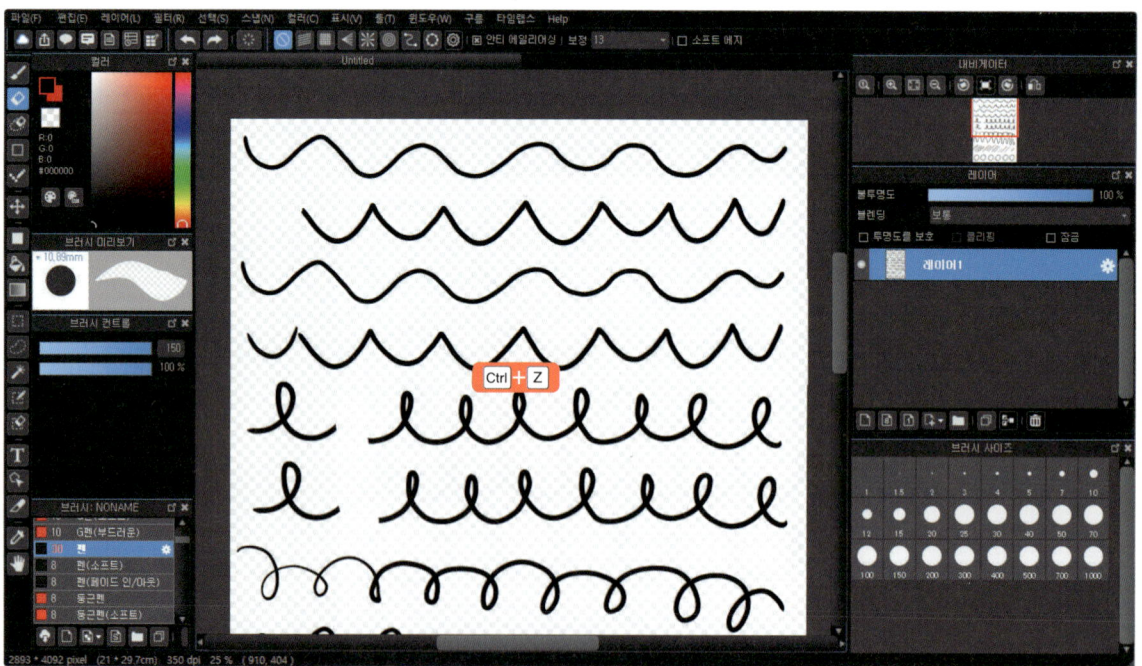

04 저장하고 불러오기

완성한 파일을 저장하고 불러와 봅니다.

1. 그림을 저장하기 위해 [파일]-[저장]을 클릭하고 [이미지의 저장] 대화상자가 나타나면 저장할 위치를 선택한 후 [파일형식]을 [JPEG]나 [PNG]로 선택한 뒤 이름을 입력한 다음 [저장] 버튼을 클릭합니다.

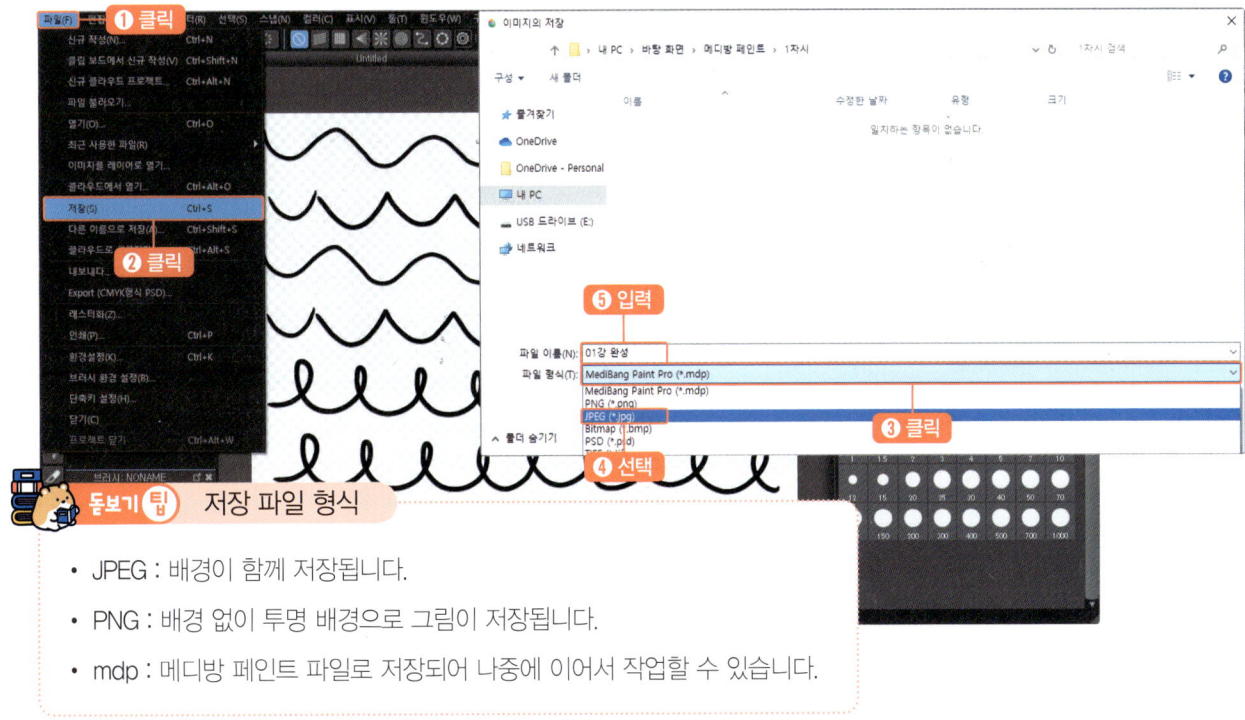

돋보기 팁 — 저장 파일 형식

- JPEG : 배경이 함께 저장됩니다.
- PNG : 배경 없이 투명 배경으로 그림이 저장됩니다.
- mdp : 메디방 페인트 파일로 저장되어 나중에 이어서 작업할 수 있습니다.

2. 파일 형식을 [JPEG]로 저장할 경우 [저장설정] 대화상자가 나타나며 [품질] 값을 조정하고 [확인] 버튼을 클릭하여 파일을 저장할 수 있습니다.

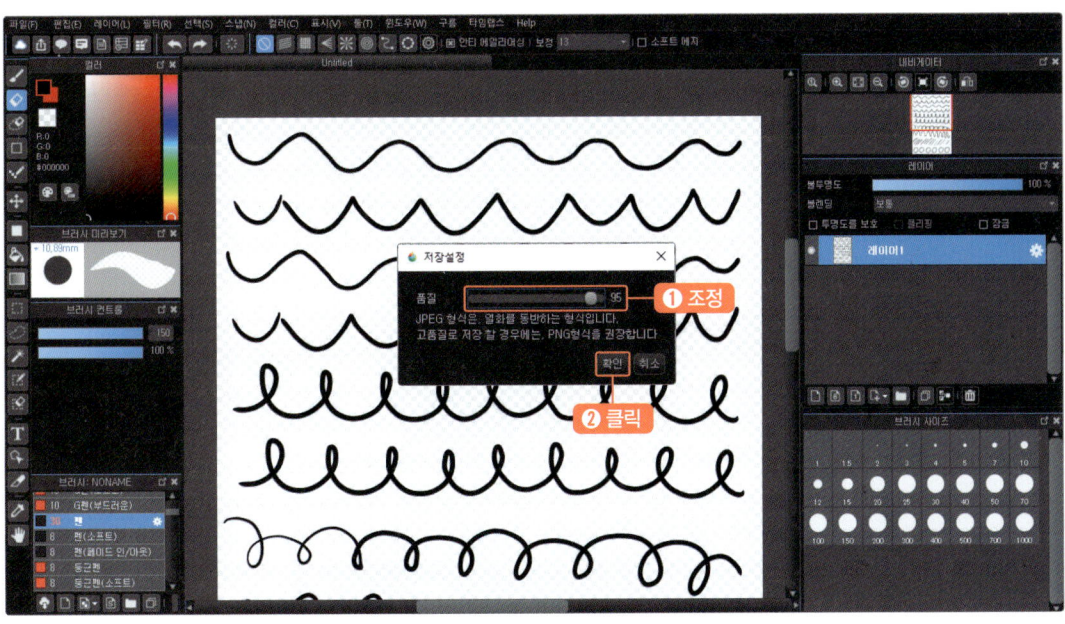

Chapter 01. 메디방과 친해지기

❸ 파일 형식을 [PNG]로 저장할 경우 [저장설정] 대화상자가 나타나며 '투과 PNG', '24비트 PNG', '그레이스케일 PNG' 중 선택하고 [확인] 버튼을 클릭하여 파일을 저장할 수 있습니다.

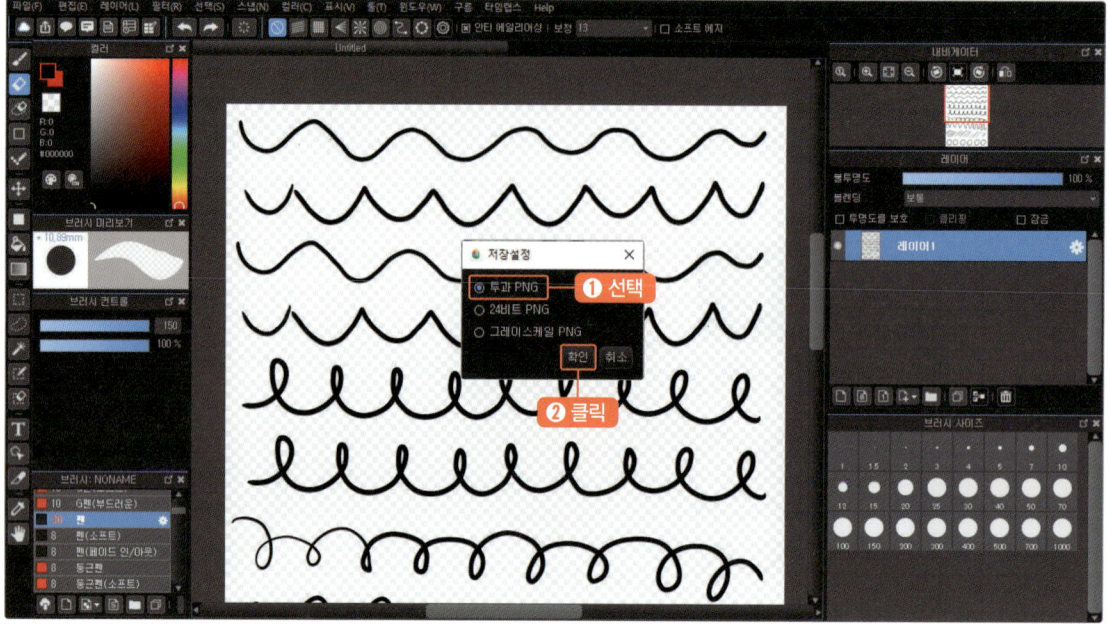

돋보기 팁 | PNG 저장설정

- **투과 PNG** : 배경이 투명하게 되어 저장됩니다.
- **24비트 PNG** : 배경이 흰색으로 되어 저장됩니다.
- **그레이스케일 PNG** : 캔버스가 흰색, 회색, 검은색만으로 표현되어 저장됩니다.

❹ 저장한 파일을 불러오기 위해 [파일]-[열기]를 클릭하고 [이미지 열기] 대화상자가 나타나면 불러올 파일을 선택한 후 [열기] 버튼을 클릭합니다.

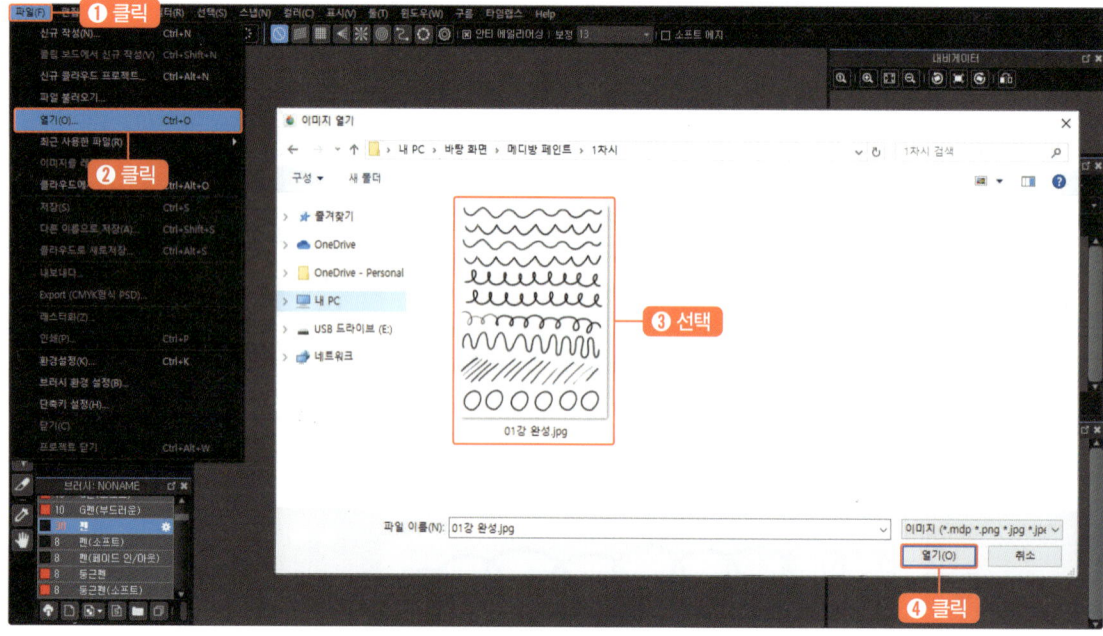

018 알록달록 디지털 드로잉 **메디방 페인트**

CHAPTER 01 재미 팡팡! 레벨 UP

▶ 예제 파일 : 01강 레벨업 예제.png   ▶ 완성 파일 : 01강 레벨업 완성.png

1 '01강 레벨업 예제' 파일을 불러와 선을 따라 그려 봅니다.

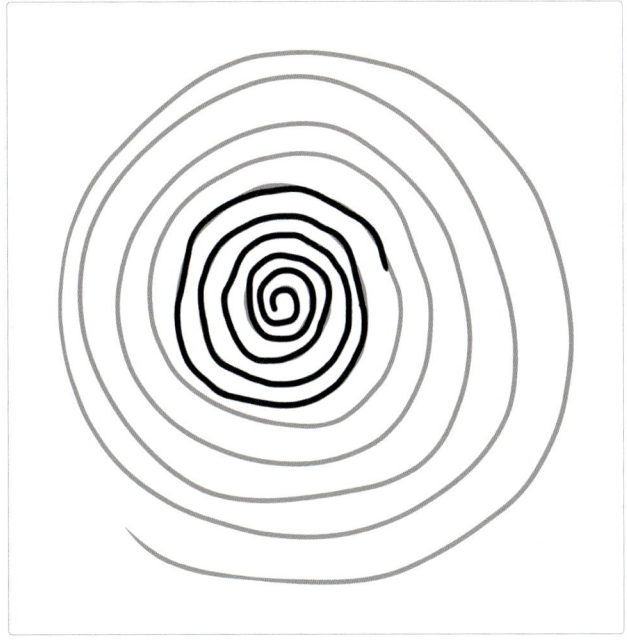

❗ 정확하게 일치하지 않아도 됩니다.

2 '01강 레벨업 예제' 파일의 선을 다 그린 뒤 저장해 봅니다.

CHAPTER 02 귀여운 강아지 그리기

#브러시 #확대 #레이어 #브러시 사이즈

▶ 예제 파일 : 02강 예제.png   ▶ 완성 파일 : 02강 완성.png

오늘의 학습목표

- 레이어를 추가하거나 삭제할 수 있습니다.
- 레이어의 불투명도를 조절할 수 있습니다.
- 다양한 브러시를 활용할 수 있습니다.
- 선을 따라서 그림을 그릴 수 있습니다.

핵심 POINT

▶ **지우개 툴(◆)** : 캔버스에 그린 그림을 지울 수 있는 도구입니다.
▶ **레이어의 추가(▣)** : 새로운 레이어를 추가할 수 있습니다.
▶ **보정** : 그림을 그릴 때 손이 떨리는 것을 방지해 주는 기능입니다.
▶ **불투명도** : 레이어의 투명도를 조절할 수 있습니다.

020 알록달록 디지털 드로잉 **메디방 페인트**

드로잉 스케치!

키우고 있는 강아지를 귀엽게 그리고 싶은 가람이는 선으로 그려보려고 해요.
손으로 먼저 그려보고 메디방 페인트로 귀여운 강아지를 그려봐요!

★ 손으로 오늘 그릴 그림을 스케치해 봅니다.

💡 강아지에게 어울리는 이름도 지어 봅니다.

01 그림 파일 불러오기

메디방 페인트 프로그램을 실행한 후 예제 파일을 불러와 봅니다.

① 메디방 페인트() 프로그램을 더블 클릭하여 실행한 후 [로그인], [medibang 클라우드 서비스] 등의 대화상자가 나타나면 전부 [닫기(X)]를 클릭하여 닫습니다.

② [파일]-[열기]를 클릭하고 [이미지 열기] 대화상자가 나타나면 '02강 예제' 파일을 선택한 후 [열기] 버튼을 클릭합니다.

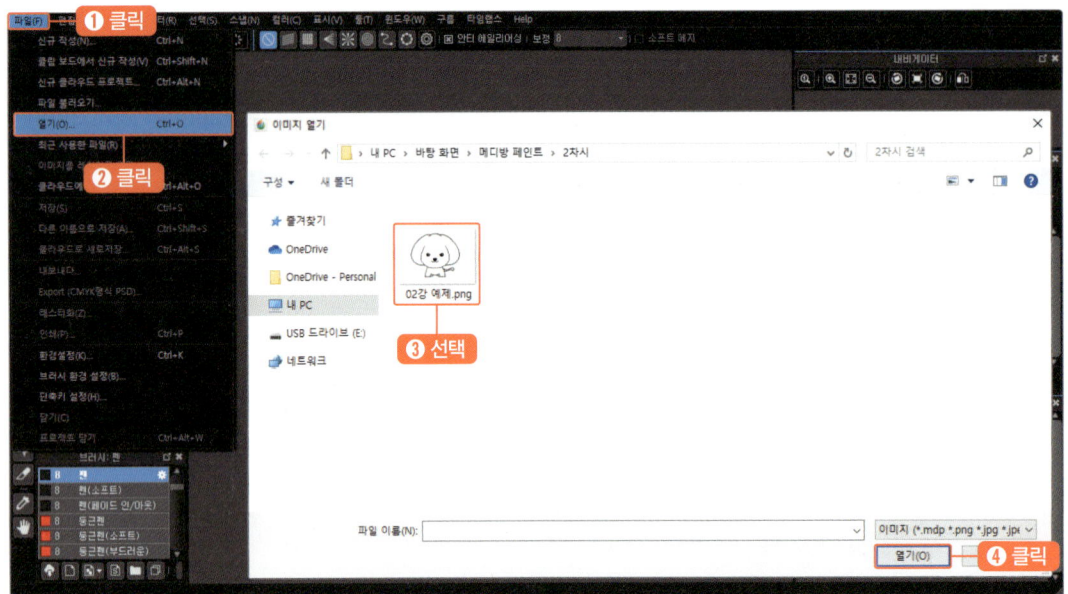

③ '02강 예제' 파일이 열리고 [레이어] 창에서 '레이어1' 레이어의 설정(⚙)을 클릭한 후 [레이어 속성] 대화상자가 나타나면 이름을 '원본'으로 입력한 뒤 [확인] 버튼을 클릭합니다.

02 레이어 추가하기

선 그리기 연습을 위해 새로운 레이어를 추가하고 레이어의 이름을 '선 그리기'로 변경해 봅니다.

① 새로운 레이어를 추가하기 위해 [레이어] 창에서 레이어의 추가(🗎)를 클릭합니다.

② 새롭게 추가된 '레이어2' 레이어의 설정(✲)을 클릭하여 [레이어 속성] 대화상자가 나타나면 이름을 '선 그리기'로 입력하고 [확인] 버튼을 클릭합니다.

Chapter 02. 귀여운 강아지 그리기   **023**

03 레이어의 불투명도 조절하기

선 그리기 연습을 하기 위해 원본 레이어의 불투명도를 조절하여 선을 흐리게 설정해 봅니다.

① '원본' 레이어의 선을 흐리게 설정하기 위해 '원본' 레이어를 선택하고 [불투명도] 바를 드래그하여 값을 '40%' 이하로 설정합니다.

② 선을 그리기 위해 '선 그리기' 레이어를 선택합니다.

04 선을 따라서 그리기

마음에 드는 브러시를 선택한 후 흐려진 원본 그림의 선을 따라서 그려 봅니다.

① [브러시] 창에서 '연필', '펜', 'G펜' 등 마음에 드는 브러시를 선택하고 [브러시 사이즈] 창에서 브러시 크기를 선택한 후 선을 그려 봅니다.

② 그려진 모습을 확인하고 마음에 드는 브러시를 선택한 후 Ctrl + Z 키를 눌러 그린 선을 지웁니다.

돋보기 팁 되돌리기&다시 실행하기 단축키

• 되돌리기 : Ctrl + Z
• 다시 실행하기 : Ctrl + Y

Chapter 02. 귀여운 강아지 그리기 **025**

❸ 브러시 사이즈를 자유롭게 변경하며 '원본' 레이어의 선을 따라 선을 그려 봅니다.

 반듯하게 그리기

선을 그릴 때 선이 삐뚤어지게 그려지면 보정 값을 높여 반듯하게 그려 봅니다.

 캔버스 확대와 축소

- 선을 따라서 그릴 때 그리기가 어려우면 마우스 휠을 당겨 캔버스의 크기를 확대한 후 그립니다.

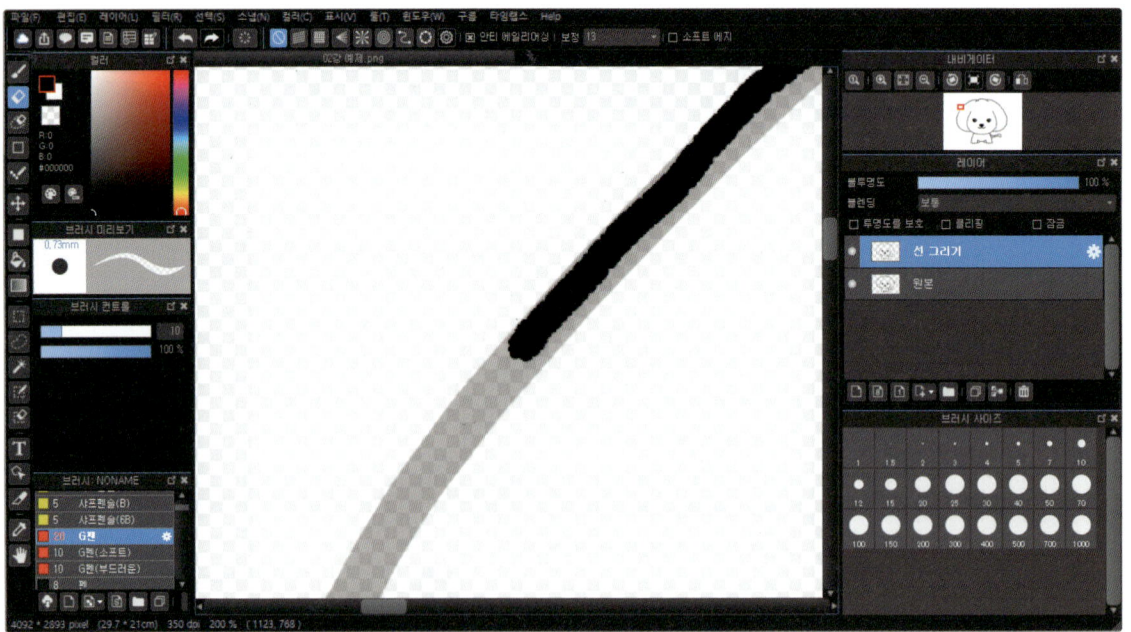

- 모두 그린 후에는 다시 마우스 휠을 밀어서 캔버스의 크기를 축소합니다.

돋보기 팁 잘못 그린 선 지우기

- 잘못 그려진 선이 있을 경우 마우스 휠을 당겨 그림을 확대한 뒤 잘못 그려진 선을 찾습니다.

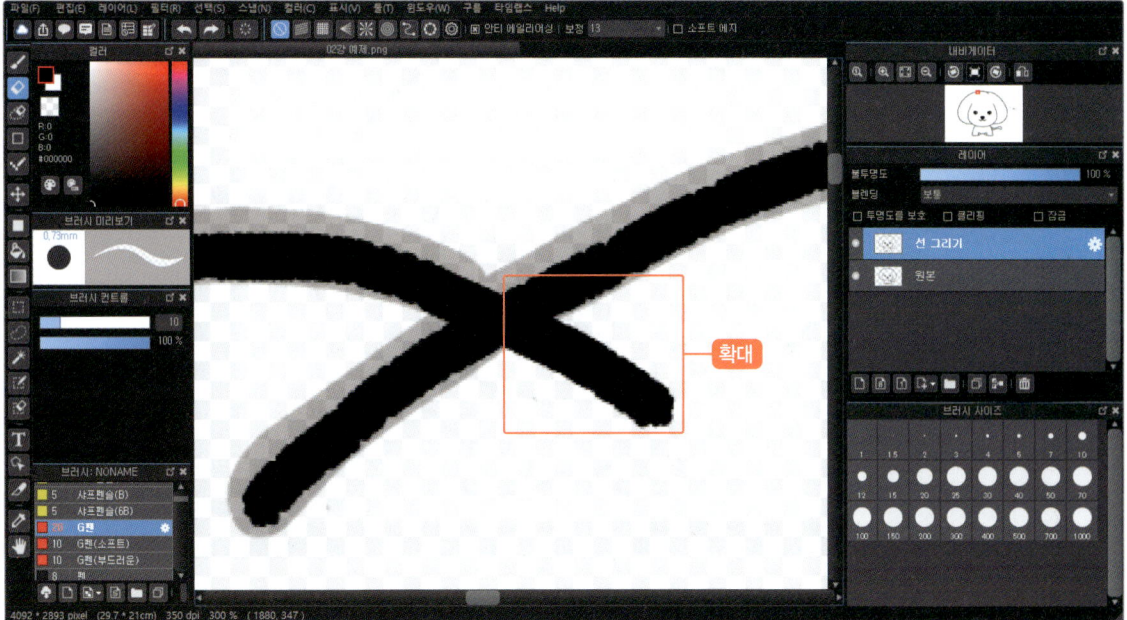

- 도구메뉴에서 지우개 툴( )을 선택한 후 잘못 그려진 선을 지워 봅니다.

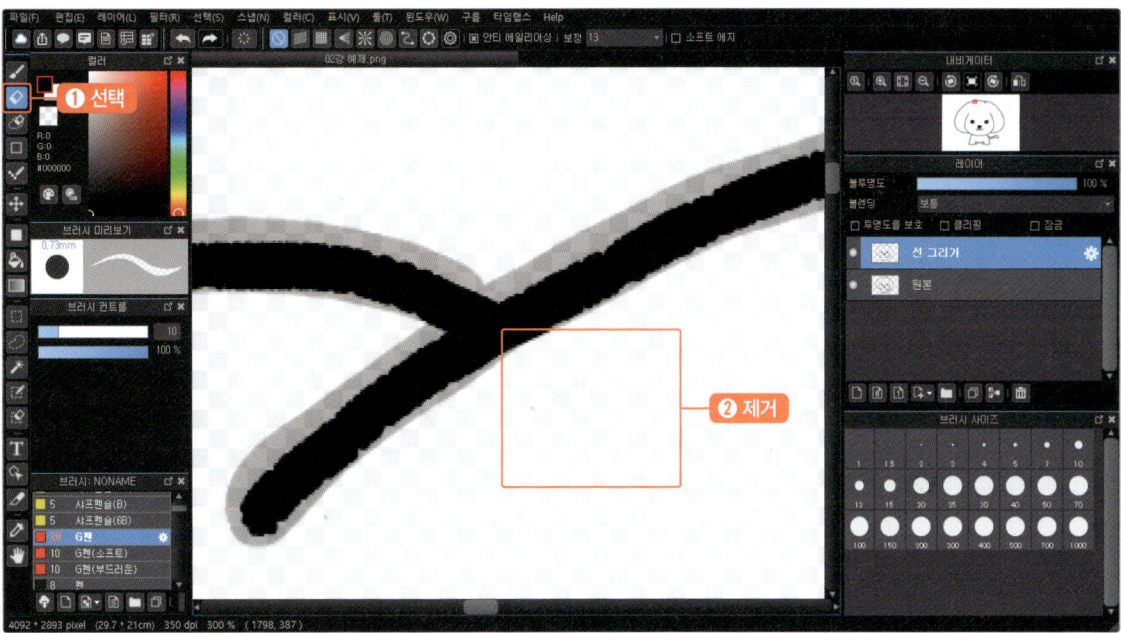

- 지우개 툴( )을 사용할 때도 브러시 크기를 변경하며 작업할 수 있습니다.

Chapter 02. 귀여운 강아지 그리기 **027**

④ 선 그리기가 끝나면 '원본' 레이어를 선택하고 레이어의 삭제(🗑)를 클릭합니다.

⑤ [파일]-[다른 이름으로 저장]을 클릭하여 [이미지의 저장] 대화상자가 나타나면 저장할 위치로 이동하고 파일 이름을 '02강 완성'으로 한 후 파일 형식을 [PNG]로 선택한 뒤 [저장] 버튼을 클릭합니다.

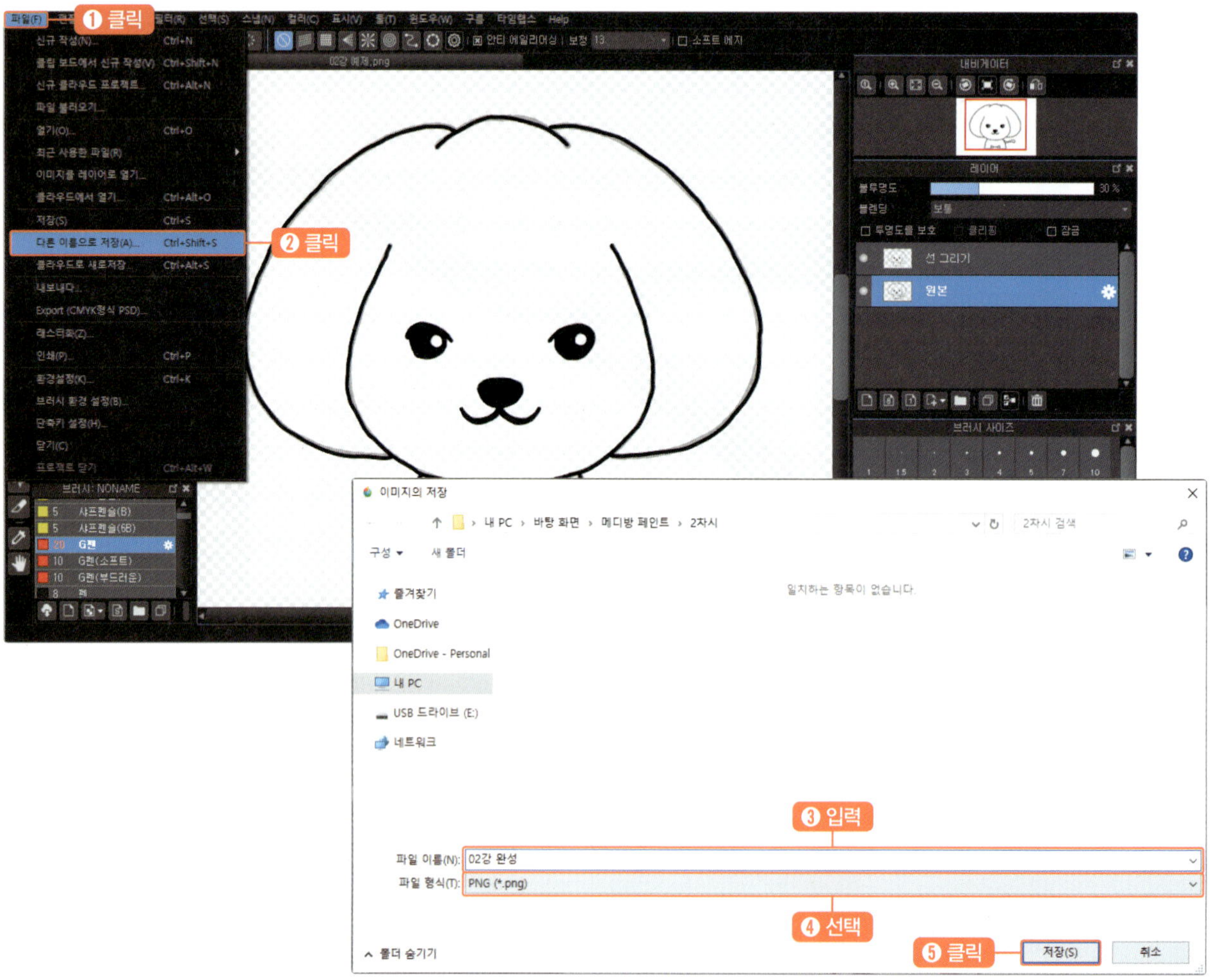

CHAPTER 02 재미 팡팡! 레벨 UP

▶ 예제 파일 : 02강 레벨업 예제1~2.png   ▶ 완성 파일 : 02강 레벨업 완성1~2.png

1 '02강 레벨업 예제1' 파일을 불러와 불투명도를 조절한 뒤 레이어를 추가하고 선을 따라서 그려 봅니다.

2 '02강 레벨업 예제2' 파일을 불러와 불투명도를 조절한 뒤 레이어를 추가하고 선을 따라서 그려 봅니다.

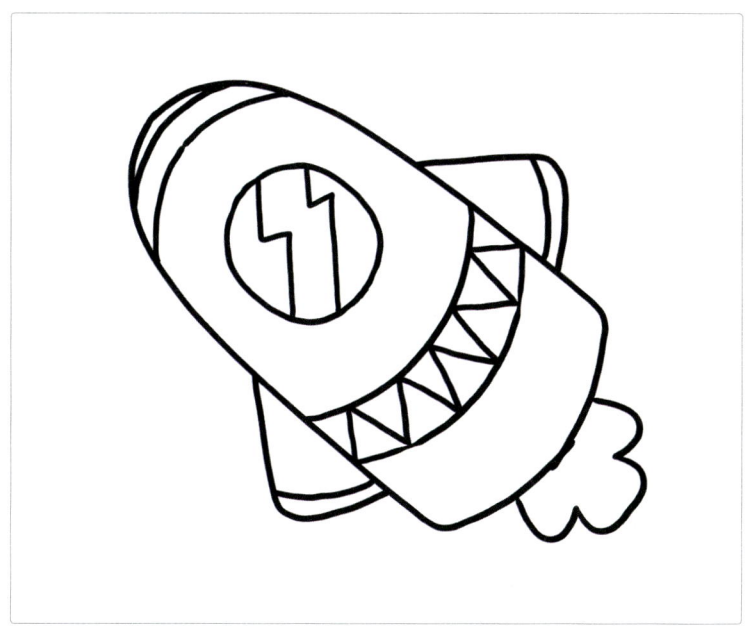

다정이를 꾸며주세요!

#레이어 #폴더 #선대칭

▶ **예제 파일** : 03강 예제.png   ▶ **완성 파일** : 03강 완성.png

오늘의 학습목표

- 외부에서 캐릭터를 불러올 수 있습니다.
- 폴더를 추가하고 삭제할 수 있습니다.
- 폴더에 새로운 레이어를 추가할 수 있습니다.
- 선대칭 브러시를 활용하여 좌우가 똑같은 그림을 그릴 수 있습니다.

 핵심 POINT

- ▶ **지우개 툴(◆)** : 캔버스에 그린 그림을 지울 수 있는 도구입니다.
- ▶ **도형브러시 툴(□)** : 테두리가 있는 도형을 그릴 수 있는 도구입니다.
- ▶ **이동 툴(✥)** : 선택한 레이어를 이동할 수 있는 도구입니다.
- ▶ **폴더** : 레이어를 관리할 수 있는 공간입니다.

드로잉 스케치!

우리 반 친구 다정이가 SNS에 사진을 올리기 위해 한껏 멋을 내고 싶어 하네요. 어떤 것이 어울리는지 고민이 많은 다정이를 도와 액세서리를 그려봐요!

★ 손으로 오늘 그릴 그림을 스케치해 봅니다.

💡 머리 모양을 바꾸고 싶을 경우 원하는 헤어 스타일을 그려 봅니다.

01 레이어 폴더 추가하기

액세서리 레이어를 관리하기 위한 폴더를 추가해 봅니다.

① 메디방 페인트() 프로그램을 더블 클릭하여 실행한 후 [로그인], [medibang 클라우드 서비스] 등의 대화상자가 나타나면 전부 [닫기(X)]를 클릭하여 닫습니다.

② [파일]-[열기]를 클릭하고 [이미지 열기] 대화상자가 나타나면 '03강 예제' 파일을 선택한 후 [열기] 버튼을 클릭합니다.

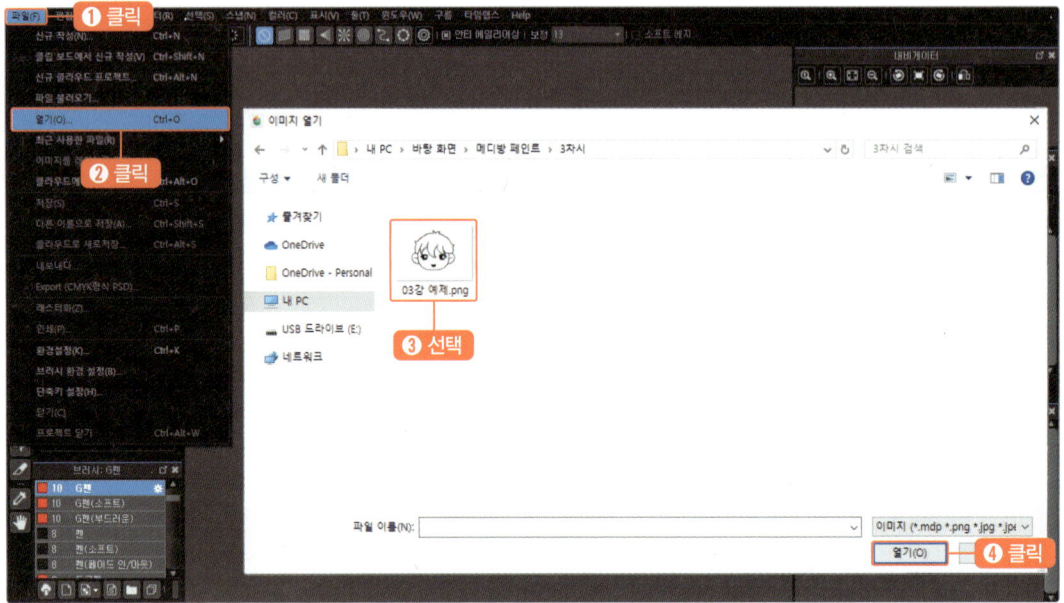

③ [액세서리] 레이어를 관리하기 위해 [레이어] 창에서 레이어 폴더의 추가(□)를 클릭하고 폴더가 생성된 것을 확인합니다.

02 폴더를 추가하고 선대칭 브러시로 액세서리 그리기

폴더에 새로운 레이어를 추가한 뒤 선대칭 브러시를 활용하여 액세서리를 그려 봅니다.

① 폴더의 이름을 액세서리 이름으로 변경하기 위해 [레이어] 창에서 [폴더2]를 선택하고 레이어의 설정 (✱)을 클릭하여 [레이어 속성] 대화상자가 나타나면 이름을 '모자'로 입력한 후 [확인] 버튼을 클릭합니다.

② 모자 테두리를 그리기 위해 [레이어] 창에서 레이어의 추가(🗋)를 클릭하고 레이어 이름을 '모자 테두리'로 입력한 후 [확인] 버튼을 클릭합니다.

돋보기 팁 — 레이어의 구분

레이어를 추가하여 새로운 레이어가 생기는 것이므로 선을 그렸다 지워도 원본 이미지에는 아무런 변화가 없습니다.

Chapter 03. 다정이를 꾸며주세요! **033**

❸ 도구메뉴에서 브러시 툴( )을 선택하고 [브러시] 창에서 '선대칭'을 선택한 후 Ctrl 키를 누른 채 캐릭터의 코를 클릭합니다.

> 돋보기 팁   선대칭 브러시와 선대칭 축
>
> - 선대칭 브러시는 한쪽에 선을 그리면 반대편에 대칭으로 선이 그려지는 브러시입니다.
> - Ctrl 키를 누른 채 마우스 왼쪽 버튼을 클릭하면 빨간색 더하기 모양이 나타나며 그 모양을 축으로 기준 삼아 대칭 선을 그릴 수 있습니다.

❹ 브러시의 색과 크기를 선택한 후 머리에 모자를 그려 봅니다.

💡 머리의 크기를 생각하며 자유롭게 모자를 그려 봅니다.

❺ 도구메뉴에서 이동 툴(✥)을 선택한 후 모자를 드래그하여 위치를 조절합니다.

❻ 캐릭터 크기에 모자의 크기를 맞추기 위해 Ctrl + T 키를 누르고 조절점을 드래그하여 모자의 크기를 변경한 후 [확인] 버튼을 클릭합니다.

Chapter 03. 다정이를 꾸며주세요! **035**

⑦ 모자를 쓴 모습을 표현하기 위해 [레이어] 창에서 '레이어1' 레이어를 선택하고 도구메뉴에서 지우개 툴(◆)을 클릭하여 불필요한 선을 지웁니다.

돋보기 팁 지우개 툴
- 지우개 툴도 크기를 변경하여 사용할 수 있습니다.
- 지우개 툴은 선택된 레이어의 그려진 부분만 지울 수 있습니다.

⑧ 모자를 꾸미기 위해 [레이어] 창에서 '모자 테두리' 레이어를 선택하고 레이어의 추가(▢)를 클릭하여 새로운 레이어가 추가되면 레이어의 설정(✻)을 클릭하여 이름을 '모자 꾸미기'로 변경한 뒤 모자를 꾸며 봅니다.

⑨ ①~⑧과 같이 폴더를 추가하고 안경, 귀걸이 등 다른 액세서리도 추가하여 캐릭터를 꾸민 후 그림이 완성되면 [파일]-[다른 이름으로 저장]을 클릭한 뒤 [PNG] 파일로 저장합니다.

CHAPTER 03 재미 팡팡! 레벨 UP

▶ 예제 파일 : 03강 레벨업 예제1~2.png   ▶ 완성 파일 : 03강 레벨업 완성1~2.png

1 '03강 레벨업 예제1' 파일을 불러와 신발을 꾸며 봅니다.

2 '03강 레벨업 예제2' 파일을 불러와 티셔츠를 꾸며 봅니다.

CHAPTER 04 나만의 옷을 꾸며보자!

#브러시 #패턴 #비트맵 #랜덤 회전

▶ 예제 파일 : 04강 예제.png   ▶ 완성 파일 : 04강 완성.png

오늘의 학습목표

- 패턴으로 사용할 그림을 그릴 수 있습니다.
- 무늬를 이용하여 나만의 새로운 브러시 패턴을 만들 수 있습니다.
- 다양한 브러시를 활용하여 옷에 무늬를 추가할 수 있습니다.

핵심 POINT

▶ 브러시 툴( ) : 그림을 그릴 때 사용하는 도구입니다.
▶ 브러시 추가(비트맵)( ) : 캔버스에 그려진 그림으로 새로운 브러시를 제작합니다.
▶ 레이어의 추가( ) : 새로운 레이어를 추가할 수 있습니다.

드로잉 스케치!

패셔니스타를 꿈꾸는 기찬이는 오늘도 멋진 옷을 그리고 있어요. "개성 넘치는 옷을 만들고 싶은데... 이번에는 패턴이 반복되는 옷을 그려볼까?" 기찬이와 함께 멋진 옷을 만들어 봅시다!

★ 오늘 그릴 패턴을 스케치하여 옷을 꾸며 봅시다.

Chapter 04. 나만의 옷을 꾸며보자!

01 새로운 브러시 만들기

패턴을 직접 그려 새로운 브러시를 만들어 사용해 봅니다.

① 메디방 페인트() 프로그램을 더블 클릭하여 실행한 후 [로그인], [medibang 클라우드 서비스] 등의 대화상자가 나타나면 전부 [닫기(X)]를 클릭하여 닫습니다.

② [파일]-[신규 작성]을 클릭하고 [이미지의 신규 작성] 대화상자가 나타나면 폭과 높이의 단위를 [Pixel]로 변경한 후 폭과 높이를 모두 '400'으로 입력한 뒤 [확인] 버튼을 클릭합니다.

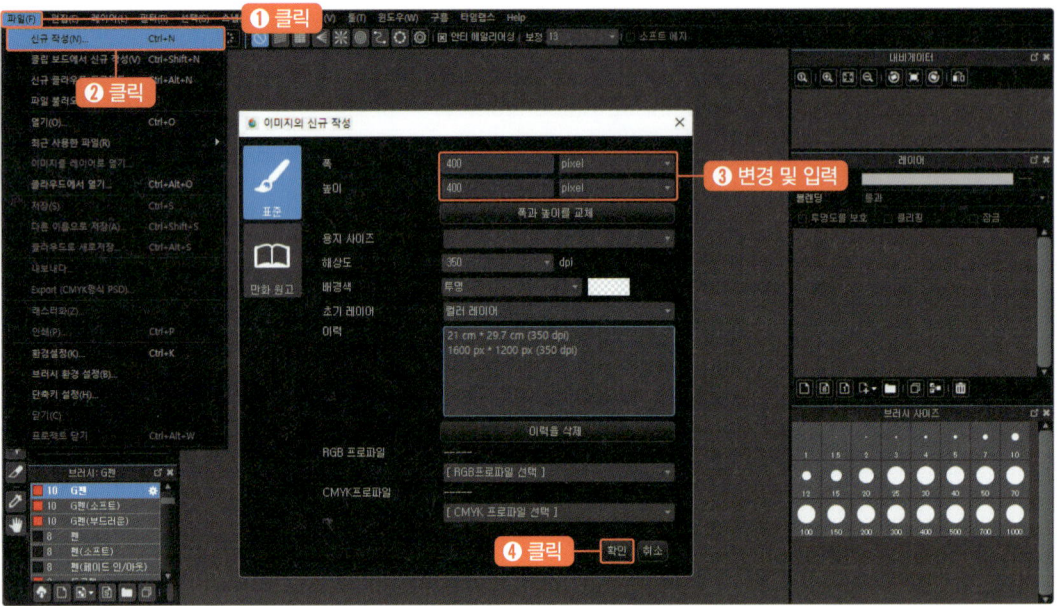

③ 도구메뉴에서 브러시 툴(✏)과 도형브러시 툴(■)을 이용하고 브러시 종류와 크기를 변경해가며 캔버스에 새로운 패턴을 그려 봅니다.

④ 그림을 브러시로 만들기 위해 [브러시] 창에서 브러시 추가(비트맵)( )를 클릭하고 [캔버스에서 추가]를 클릭합니다.

⑤ [브러시 편집] 대화상자가 나타나면 원하는 '이름'을 입력하고 '간격', '랜덤회전' 값을 조절한 후 [확인] 버튼을 클릭합니다.

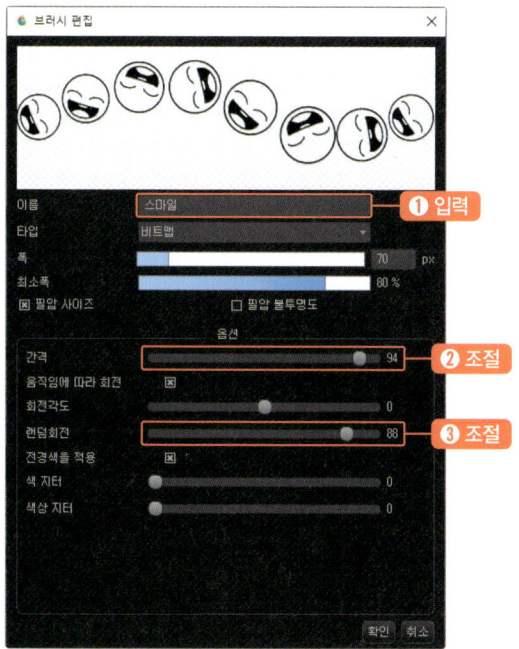

🔍 돋보기 팁 브러시 편집

- 간격 : 패턴이 그려지는 간격을 조절하며 값이 클수록 간격이 벌어집니다.
- 랜덤회전 : 패턴의 회전을 조절하며 값이 클수록 더 많이 회전합니다.

02 패턴 브러시로 티셔츠 꾸미기

새로 만든 패턴 브러시를 이용하여 티셔츠를 꾸며 봅니다.

① [파일]-[열기]를 클릭하여 [이미지 열기] 대화상자가 나타나면 '04강 예제' 파일을 선택하고 [열기] 버튼을 클릭합니다.

② 티셔츠를 꾸미기 위해 [레이어] 창에서 레이어의 추가(📄)를 클릭하여 새로운 레이어를 추가하고 [브러시] 창에서 새로 만든 브러시를 선택한 후 티셔츠를 꾸며 봅니다.

③ 티셔츠 꾸미기가 끝나면 [파일]-[다른 이름으로 저장]을 클릭하여 [PNG] 파일로 저장합니다.

CHAPTER 04 재미 팡팡! 레벨 UP

▶ 예제 파일 : 04강 레벨업 예제.png   ▶ 완성 파일 : 04강 레벨업 완성1~2.png

1 새로운 캔버스(폭 : 400 pixel, 높이 : 400 pixel)를 생성한 후 아래 패턴을 그려 봅니다.

2 패턴을 브러시로 추가한 후 '04강 레벨업 예제' 파일을 열어 완성한 패턴을 그려 봅니다.

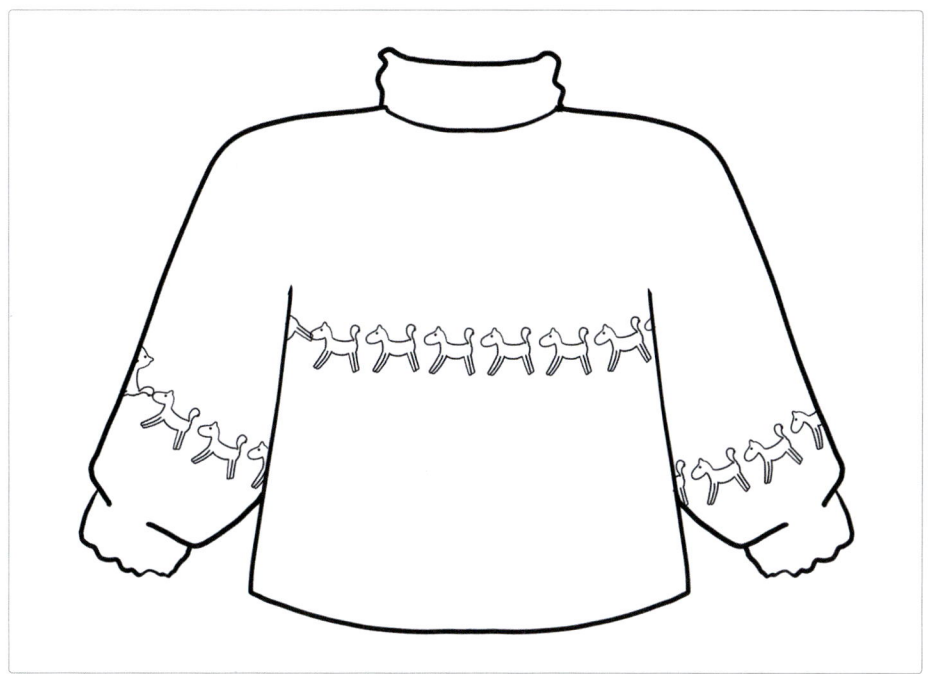

Chapter 04. 나만의 옷을 꾸며보자! **043**

옷을 색칠해봐요!

#채색 #확장 #스포이트

▶ 예제 파일 : 05강 예제-남자, 여자.png   ▶ 완성 파일 : 05강 완성.png

오늘의 학습목표

- 레이어를 생성하고 순서를 변경할 수 있습니다.
- 버킷 툴을 이용하여 채색할 수 있습니다.
- 브러시를 이용하여 채색할 수 있습니다.

핵심 POINT

▶ 버킷 툴( ) : 선으로 둘러싸인 곳의 색을 한번에 채울 수 있는 도구입니다.
▶ 스포이트 툴( ) : 선택한 그림의 색을 추출하여 사용할 수 있는 도구입니다.
▶ 손바닥 툴( ) : 캔버스를 이동시킬 수 있는 도구입니다.
▶ 확장 : 채색 영역을 넓힐 수 있습니다.

드로잉 스케치!

옷을 입은 자신의 모습까지 그린 가람이는 색을 넣으려고 해요!
가람이에게 어울릴만한 스타일의 색을 찾아볼까요?

★ 색연필로 색을 칠해 봅시다.

💡 색연필이 없다면 입히고 싶은 색을 써봅시다.

Chapter 05. 옷을 색칠해봐요! **045**

01 버킷 툴로 채색하기

새로운 레이어를 추가한 뒤 버킷 툴을 이용하여 자유롭게 채색해 봅니다.

① 메디방 페인트() 프로그램을 더블 클릭하여 실행한 후 [로그인], [medibang 클라우드 서비스] 등의 대화상자가 나타나면 전부 [닫기(X)]를 클릭하여 닫습니다.

② [파일]-[열기]를 클릭하고 [이미지 열기] 대화상자가 나타나면 '05강 예제-남자' 또는 '05강 예제-여자' 파일 중 원하는 파일을 선택한 후 [열기] 버튼을 클릭합니다.

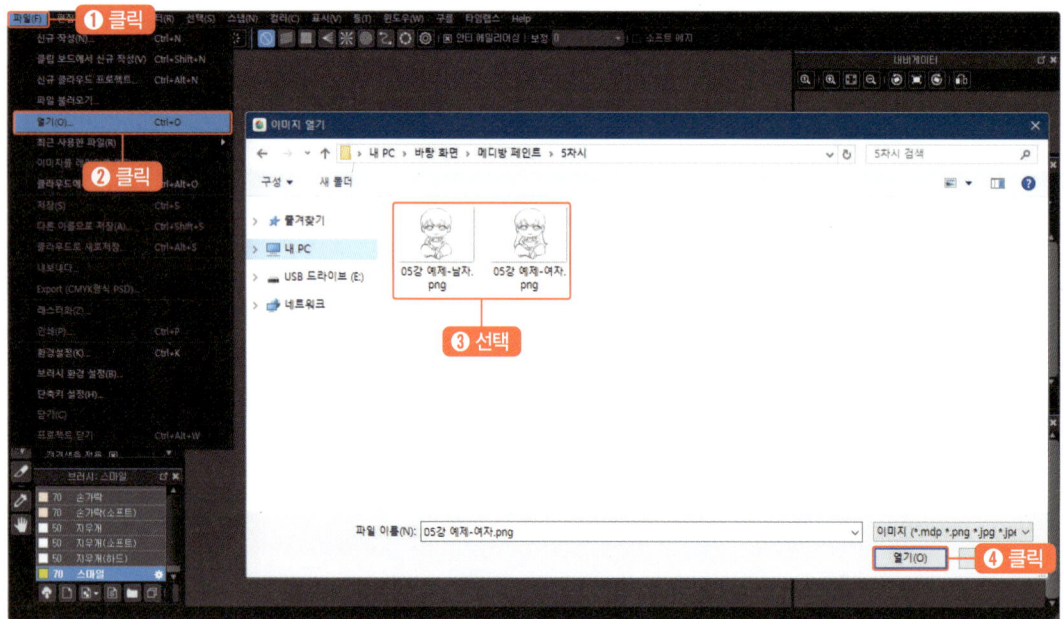

③ [레이어] 창에서 '레이어1' 레이어를 선택하고 이름을 '선'으로 입력한 후 [확인] 버튼을 클릭합니다.

④ 채색에 사용할 레이어를 추가하기 위해 [레이어] 창에서 레이어의 추가(🗋)를 클릭한 후 레이어 이름을 '채색'으로 입력하고 [확인] 버튼을 클릭합니다.

돋보기 팁 채색 레이어를 만드는 이유

같은 레이어에 채색을 할 경우 선 위에 채색을 할 수도 있기 때문에 선 레이어와 채색 레이어를 구분짓도록 합시다.

⑤ [레이어] 창에서 '채색' 레이어를 '선' 레이어 아래로 드래그하여 '채색' 레이어의 순서를 변경합니다.

돋보기 팁 레이어 순서

'채색' 레이어가 '선' 레이어 위에 있을 경우 채색했을 때 선을 가릴 수 있기 때문에 아래쪽으로 순서를 변경합니다.

Chapter 05. 옷을 색칠해봐요! **047**

❻ 도구메뉴에서 버킷 툴( )을 선택하고 [컬러] 창에 원하는 색을 선택합니다.

❼ 채색 영역을 확장하기 위해 [확장]을 '10' pixel로 변경하고 칠하고 싶은 영역을 클릭하여 채색합니다.

 확장

- [확장] 값이 작을수록 채색 시 선 근처에는 색이 잘 칠해지지 않고 색이 칠해지지 않은 공간이 발생합니다.
- [확장]은 상황에 따라 값을 변경하며 작업하는 것이 좋습니다.

⑧ ⑥~⑦과 같은 방법으로 캐릭터를 채색해 봅니다.

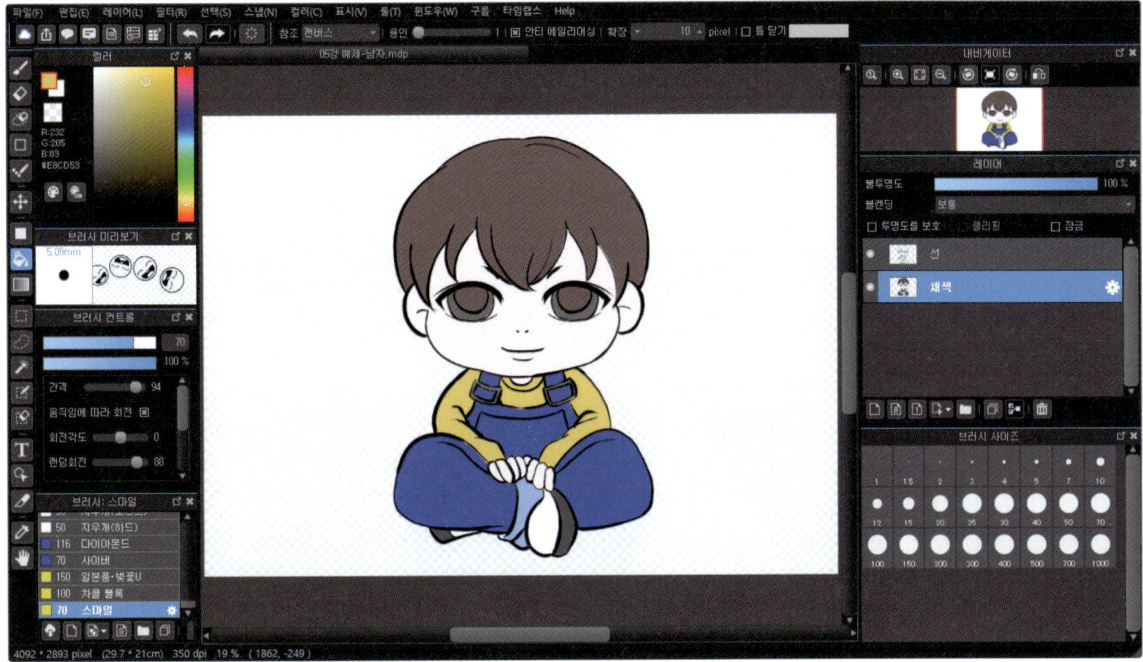

돋보기 팁 | 스포이트 툴

- 스포이트 툴( )을 선택하고 채색된 부분을 클릭하면 해당 색깔이 전경색으로 적용되어 같은 색을 다른 곳에 칠할 수 있습니다.

- 스포이트 툴( )은 단축키 Alt 키를 눌러 사용할 수 있습니다.

Chapter 05. 옷을 색칠해봐요! **049**

02 브러시로 채색 마무리하기

버킷 툴로 칠해지지 않은 영역은 브러시로 채색하여 마무리 합니다.

❶ 마우스 휠을 당겨 채색이 되지 않은 부분을 찾은 후 스포이트 툴( )로 가져올 색을 클릭합니다.

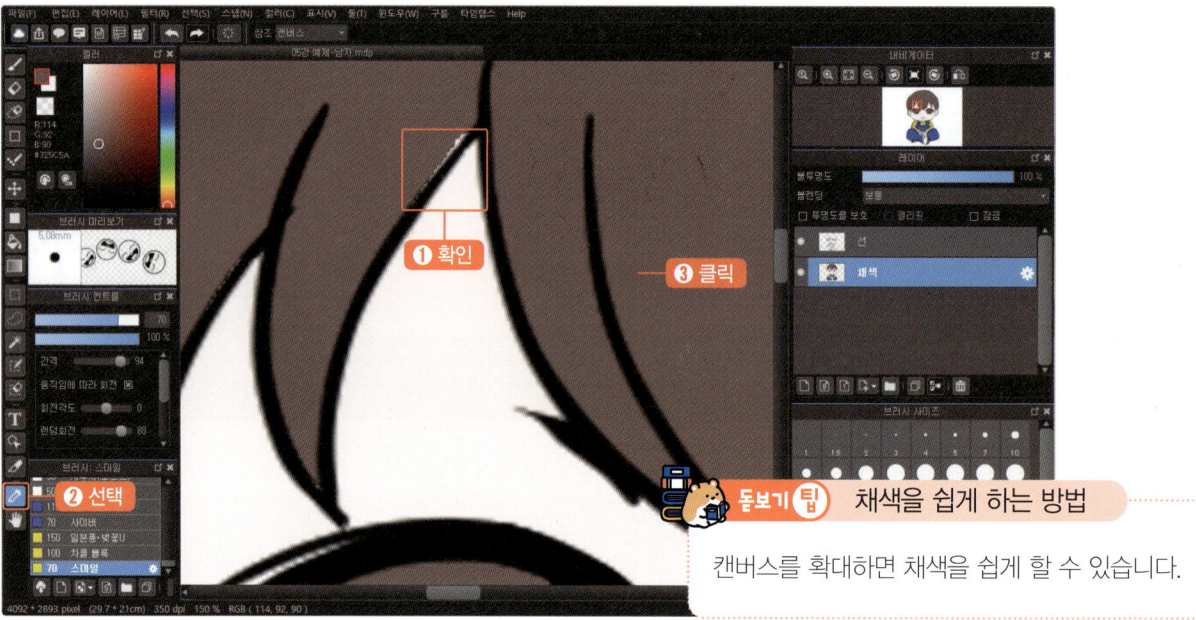

돋보기 팁 채색을 쉽게 하는 방법

캔버스를 확대하면 채색을 쉽게 할 수 있습니다.

❷ 도구메뉴에서 브러시 툴( )을 선택하고 채색을 마무리한 후 [PNG] 파일로 저장합니다.

돋보기 팁 캔버스를 이동하는 방법

확대된 캔버스를 이동할 땐 Space Bar 키를 누르고 드래그하면 이동할 수 있습니다.

CHAPTER 05 재미 팡팡! 레벨 UP

▶ 예제 파일 : 05강 레벨업 예제1~2.png   ▶ 완성 파일 : 05강 레벨업 완성1~2.png

1 '05강 레벨업 예제1' 파일을 불러와 버킷 툴( )과 브러시로 채색해 봅니다.

2 '05강 레벨업 예제2' 파일을 불러와 버킷 툴( )과 브러시로 채색해 봅니다.

Chapter 05. 옷을 색칠해봐요! **051**

병아리 구하기 게임 만들기

#엔트리 #오브젝트 #모양 추가하기

▶ 예제 파일 : 06강 예제.ent   ▶ 완성 파일 : 06강 완성.ent

오늘의 학습목표

- 게임을 체험해보고 게임 스토리를 만들 수 있습니다.
- 스토리에 맞는 게임 캐릭터를 그릴 수 있습니다.
- 직접 그린 캐릭터를 삽입하고 게임을 플레이할 수 있습니다.

핵심 POINT

- ▶ 엔트리 : 블록코딩 소프트웨어 교육 플랫폼입니다
- ▶ 브러시 툴( ) : 그림을 그릴 때 사용하는 도구입니다.
- ▶ 버킷 툴( ) : 선으로 둘러싸인 곳의 색을 한번에 채울 수 있는 도구입니다.
- ▶ 레이어의 추가( ) : 새로운 레이어를 추가할 수 있습니다.

드로잉 스케치!

엔트리로 게임 만드는 것을 좋아하는 세찬이는 하늘에서 떨어지는 오브젝트를 받는 게임을 만들려고 해요. 어떤 오브젝트가 떨어지고 무엇이 받아내면 좋을지 같이 그려볼까요? 재미있는 이야기도 함께 써보도록 해봐요!

★ 엔트리 예제 파일을 플레이해보고 재미있는 이야기를 완성한 후 그림을 그려 봅니다.

| 플레이어 오브젝트 | 사물 오브젝트 |

돋보기 팁 | 게임 방법

- '빨간색 박스'를 움직여서 '파란색 원'을 받아야 하며, 만약 '파란색 원'이 바닥에 닿으면 게임이 종료됩니다.
- '빨간색 박스' 이동 : ←(왼쪽), →(오른쪽) 방향키

Chapter 06. 병아리 구하기 게임 만들기

01 오브젝트에 쓰일 캐릭터 그리기

엔트리의 오브젝트에 쓰일 캐릭터를 그리고 완성해 봅니다.

❶ 메디방 페인트() 프로그램을 더블 클릭하여 실행한 후 [로그인], [medibang 클라우드 서비스] 등의 대화상자가 나타나면 전부 [닫기(X)]를 클릭하여 닫습니다.

❷ [파일]-[신규 작성]을 클릭하고 [이미지의 신규 작성] 대화상자가 나타나면 폭과 높이의 단위를 [Pixel]로 변경한 후 각각 '400'으로 입력한 뒤 [확인] 버튼을 클릭합니다.

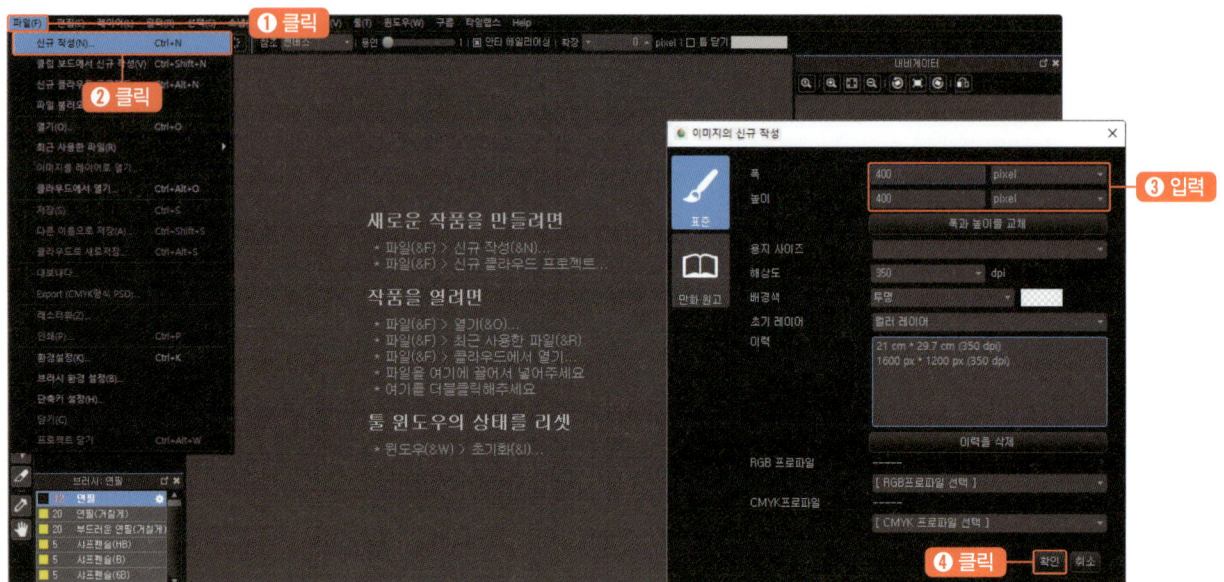

❸ 06강 예제 파일에서 [플레이어] 오브젝트에 들어갈 캐릭터를 그리고 채색해 봅니다.

> 선만 그린 레이어와 채색한 레이어를 구분지어서 완성해도 됩니다.

④ [파일]-[다른 이름으로 저장]을 클릭하고 파일 이름을 입력한 후 파일 형식을 [PNG] 파일로 선택한 뒤 [저장] 버튼을 클릭합니다.

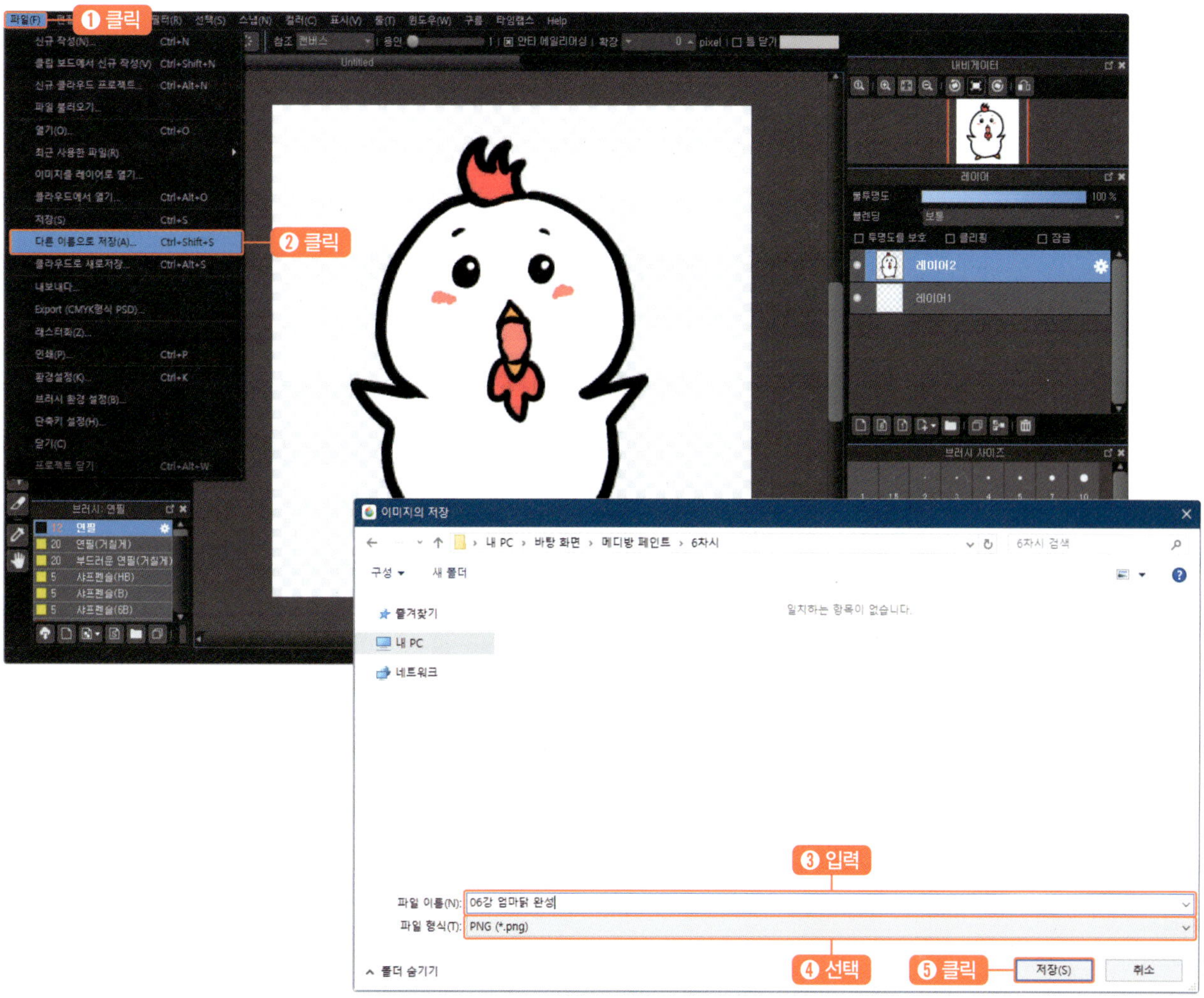

⑤ ❷~❹의 과정을 반복하여 [사물] 오브젝트를 그리고 [PNG] 파일로 저장해 봅니다.

Chapter 06. 병아리 구하기 게임 만들기   **055**

02 게임 완성하기

엔트리 프로그램을 실행하고 앞서 그린 오브젝트를 삽입한 후 엔트리를 플레이해 봅니다.

① 엔트리() 아이콘을 더블 클릭하여 프로그램을 실행하고 [파일(▤)]-[오프라인 작품 불러오기]를 클릭합니다.

💡 엔트리가 설치되어 있지 않은 경우 엔트리 홈페이지에서 로그인을 하고 게임을 플레이해도 됩니다.

② [열기] 대화상자가 나타나면 '06강 예제' 파일을 선택하고 [열기] 버튼을 클릭하여 예제 파일을 불러옵니다.

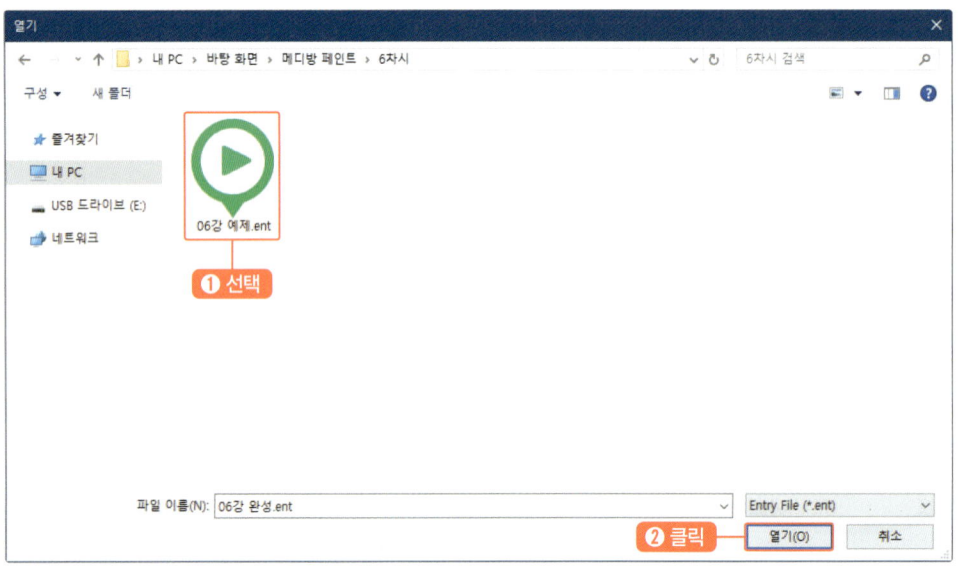

❸ [플레이어] 오브젝트를 선택하고 [모양]-[모양 추가하기]를 클릭하여 [모양 추가하기] 대화상자로 이동합니다.

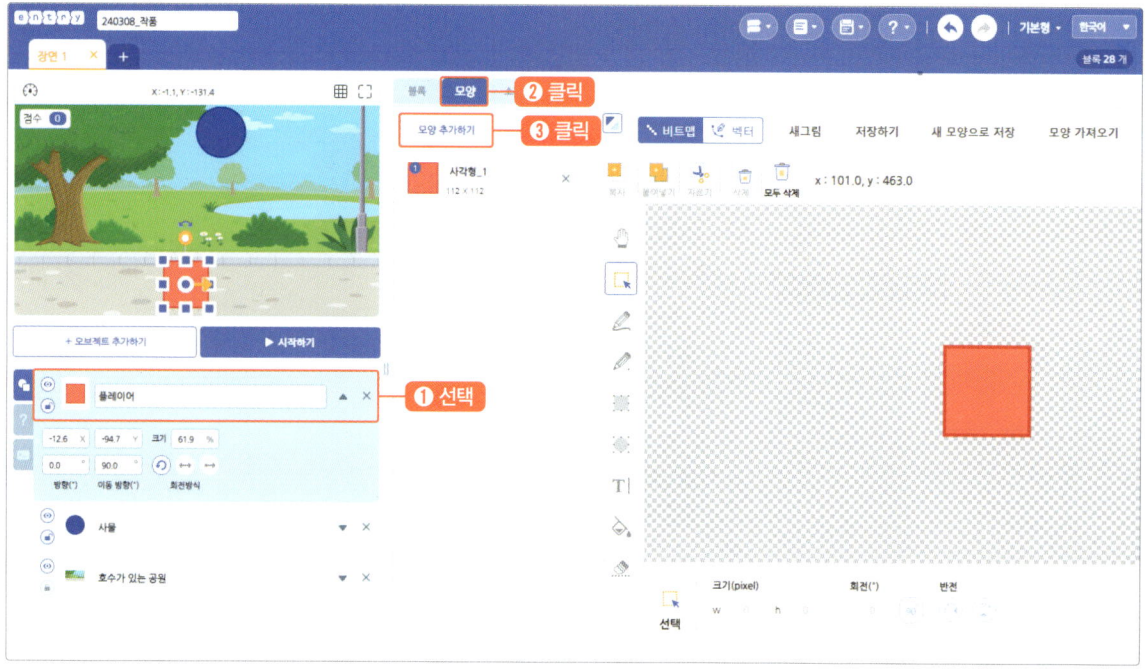

 모양 탭

[모양] 탭은 오브젝트를 추가할 수도 있지만 필요한 오브젝트를 직접 그릴 수 있는 공간입니다.

❹ [파일 올리기] 탭으로 이동하고 [파일 올리기]를 클릭한 후 [열기] 대화상자가 나타나면 [플레이어] 오브젝트에 해당되는 파일을 선택한 뒤 [열기] 버튼을 클릭하고 [추가하기]를 클릭합니다.

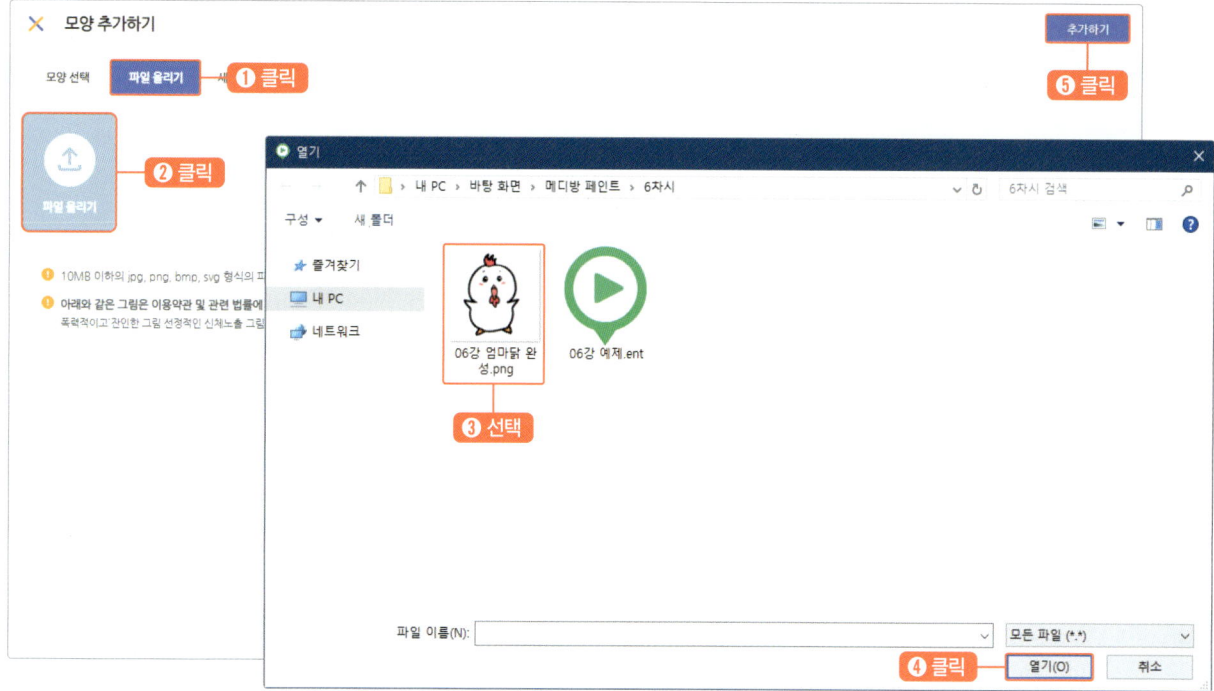

Chapter 06. 병아리 구하기 게임 만들기 **057**

❺ [블록] 탭으로 이동하고 조절점을 드래그하여 [실행 화면]에 나타난 오브젝트의 크기를 조절합니다.

> **돋보기 팁** 오브젝트의 크기
>
> 엔트리에서 오브젝트의 크기를 줄였을 때 그린 그림이 깨질 경우 메디방 페인트에서 그림의 크기를 줄이고 가져오면 됩니다.

❻ ❸~❺와 같은 방법으로 앞서 완성한 [사물] 오브젝트도 추가하여 게임을 완성해 봅니다.

❼ [▶ 시작하기]를 클릭하여 게임을 플레이해 봅니다.

❽ 게임이 완성되면 [저장하기(💾)]-[저장하기]를 클릭하여 게임을 저장합니다.

CHAPTER 06 재미 팡팡! 레벨 UP

▶ 예제 파일 : 06강 레벨업 예제.ent   ▶ 완성 파일 : 06강 레벨업 완성.ent

1 엔트리 프로그램을 실행한 후 '06강 레벨업 예제' 파일을 불러와 작동 방법을 알아보고 게임을 체험해 봅니다.

❗ 상, 하 화살표로 이동이 가능하며 '빨간색 박스'에 '파란색 원'이 닿으면 게임이 종료됩니다.

2 '06강 레벨업 예제' 파일을 보고 [플레이어]와 [사물] 오브젝트를 메디방 페인트에서 그린 후 게임을 완성해 봅니다.

CHAPTER 07 그림자를 그려보자!

#그림자 #클리핑 #블렌딩

▶ 예제 파일 : 07강 예제.png   ▶ 완성 파일 : 07강 완성.png

오늘의 학습목표

- 레이어에 블렌딩을 설정할 수 있습니다.
- 레이어에 클리핑 기능을 설정할 수 있습니다.
- 캐릭터에 그림자를 설정할 수 있습니다.

핵심 POINT

▶ 버킷 툴(🪣) : 선으로 둘러싸인 곳의 색을 한번에 채울 수 있는 도구입니다.
▶ 스포이트 툴(🖋) : 선택한 그림의 색을 추출하여 사용할 수 있는 도구입니다.
▶ 블렌딩 : 레이어에 다양한 표현(발광, 오버레이 등)이 가능하도록 설정하는 기능입니다.
▶ 클리핑 : 아래에 있는 레이어에만 색을 칠하거나 그림을 그릴 수 있는 기능입니다.

드로잉 스케치!

친구와 키우고 있는 강아지하고 함께 있는 자신의 모습을 그린 가람이는 불빛에 따라 생기는 그림자를 그려 보려고 해요. 아래 그림에서 햇님의 위치를 생각하여 그림자를 그려보세요.

★ 색연필을 활용하여 그림자를 그려 봅니다.

01 블렌딩 설정하기

새로운 레이어를 추가한 뒤 그림자를 그리기 위해 블렌딩을 곱셈으로 설정해 봅니다.

① 메디방 페인트( ) 프로그램을 더블 클릭하여 실행한 후 [로그인], [medibang 클라우드 서비스] 등의 대화상자가 나타나면 전부 [닫기(X)]를 클릭하여 닫습니다.

② [파일]-[열기]를 클릭하고 [이미지 열기] 대화상자가 나타나면 '07강 예제' 파일을 선택한 후 [열기] 버튼을 클릭합니다.

③ 그림자를 그리기 위해 [레이어] 창에서 레이어의 추가( )를 클릭하고 [블렌딩]을 [곱셈]으로 설정합니다.

돋보기 팁   블렌딩 설정

- 선택중인 레이어를 아래의 레이어와 겹쳐 다양한 효과를 나타나게 하는 레이어 효과입니다.
- 곱셈의 경우, 아래 레이어와 색을 겹쳐서 더욱 진하게 만들 수 있습니다.

02 클리핑 설정하기

채색된 부분에만 그림자가 그려지도록 레이어에 클리핑을 설정합니다.

① 채색된 부분에만 그림자를 그리기 위해 [레이어] 창에서 '레이어2' 레이어를 선택하고 [클리핑]을 선택합니다.

돋보기 팁 | 클리핑 설정

아래에 있는 레이어를 참고하여 그 레이어의 채색된 부분에만 선을 그리거나 색을 채울 수 있는 기능입니다.

② '레이어1'의 이름을 '밑그림', '레이어2'의 이름을 '그림자'로 변경합니다.

03 그림자 그리기

스포이트 툴로 그림자를 그릴 위치에 색을 가져온 뒤 브러시로 그림자를 그려 봅니다.

① 도구메뉴에서 브러시 툴( )을 선택하고 [레이어] 창에서 '밑그림' 레이어를 선택한 후 오른쪽 위에 '햇님'을 그린 뒤 그림자가 질 부분을 생각해 봅니다.

돋보기 팁) 햇님 그리기
그림자가 질 부분을 쉽게 생각하기 위해 임의로 그린 그림이므로 불필요할 경우 그리지 않아도 됩니다.

② 모자에 그림자를 그리기 위해 [레이어] 창에서 '그림자' 레이어를 선택하고 도구메뉴에서 스포이트 툴( )을 선택한 후 모자를 클릭하여 모자의 색을 가져옵니다.

❸ 도구메뉴에서 브러시 툴( )을 선택하고 '햇님'의 위치를 생각하며 그림자가 될 영역에 경계선을 그립니다.

 그림자 그리기

경계선을 그릴 때 그림자가 생길 영역을 생각하면서 그립니다.

❹ 도구메뉴에서 버킷 툴( )을 선택하고 그림자가 될 영역을 클릭합니다.

Chapter 07. 그림자를 그려보자!

❺ ❷~❹와 같이 다른 곳에도 그림자를 그려 봅니다.

❻ 도구메뉴에서 지우개 툴(◈)을 선택하고 '밑그림' 레이어를 선택한 후 그림자가 질 부분을 생각하기 위해 그렸던 '햇님'을 지운 뒤 완성한 그림을 [PNG] 파일로 저장합니다.

💡 햇님을 지우지 않고 채색하여 꾸며도 됩니다.

CHAPTER 07 재미 팡팡! 레벨 UP

▶ 예제 파일 : 07강 레벨업 예제.png   ▶ 완성 파일 : 07강 레벨업 완성.png

1 '07강 레벨업 예제' 파일을 불러와 버킷 툴( )과 브러시로 채색해 봅니다.

2 완성한 그림에 클리핑, 블렌딩(곱셈)이 적용된 레이어를 추가하여 그림자를 그려 봅니다.

Chapter 07. 그림자를 그려보자! **067**

CHAPTER 08 반짝반짝 빛나는 내 모습!

#하이라이트 #손가락 #스포이트

▶ 예제 파일 : 08강 예제.png   ▶ 완성 파일 : 08강 완성.png

오늘의 학습목표

- 스포이트 툴을 활용하여 색을 가져올 수 있습니다.
- 밝게 빛나는 부분에 하이라이트를 그릴 수 있습니다.
- 손가락 브러시로 하이라이트 모양을 변경할 수 있습니다.

핵심 POINT

- ▶ 브러시 툴( ) : 그림을 그릴 때 사용하는 도구입니다.
- ▶ 레이어의 추가( ) : 새로운 레이어를 추가할 수 있습니다.
- ▶ 스포이트 툴( ) : 선택한 그림의 색을 추출하여 사용할 수 있는 도구입니다.
- ▶ 손가락 브러시 : 선을 밀어내거나 당길 수 있는 브러시로 선의 경계선이 흐려집니다.

드로잉 스케치!

학교에서 하이라이트 효과를 배운 태산이는 어떤 그림에 적용시킬지 고민했어요. "좋아! 우리 동생들 그림에 한번 적용시켜 볼까? 그림자 효과에 하이라이트 효과까지 있으면 더 멋있는 그림이 그려질거야!"

★ 색연필을 활용하여 밝게 빛내고 싶은 부분을 채색해 봅니다.

💡 색연필이 없다면 밝게 빛내고 싶은 부분을 그려 봅니다.

Chapter 08. 반짝반짝 빛나는 내 모습!

01 하이라이트 그리기

머리카락에 빛을 비췄을 때 밝게 빛나는 부분을 그려 봅니다.

① 메디방 페인트(🎨) 프로그램을 더블 클릭하여 실행한 후 [로그인], [medibang 클라우드 서비스] 등의 대화상자가 나타나면 전부 [닫기(X)]를 클릭하여 닫습니다.

② [파일]-[열기]를 클릭하고 [이미지 열기] 대화상자가 나타나면 '08강 예제' 파일을 선택한 후 [열기] 버튼을 클릭합니다.

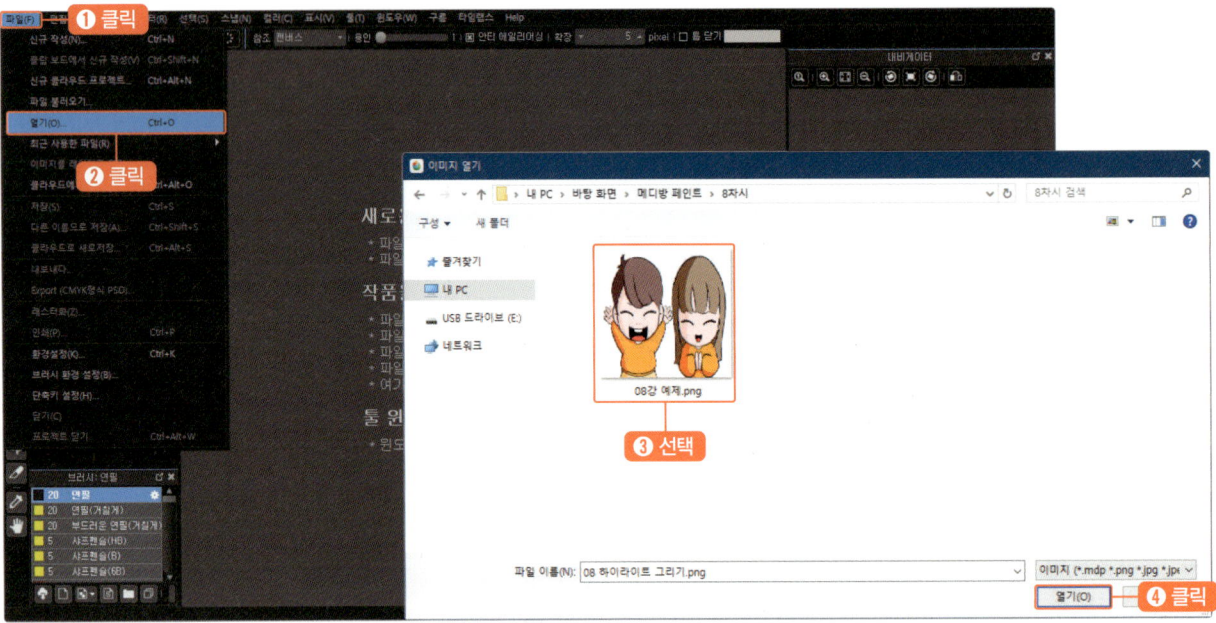

③ 아래 그림에 표시된 빛의 방향을 보고 머리카락에 하이라이트가 나타날 위치를 생각해 봅니다.

🔍 **돋보기 팁** 하이라이트

빛을 비췄을 때 밝게 빛나는 부분입니다.

④ 하이라이트를 그리기 위해 [레이어] 창에서 레이어의 추가( )를 클릭하고 [클리핑]을 선택합니다.

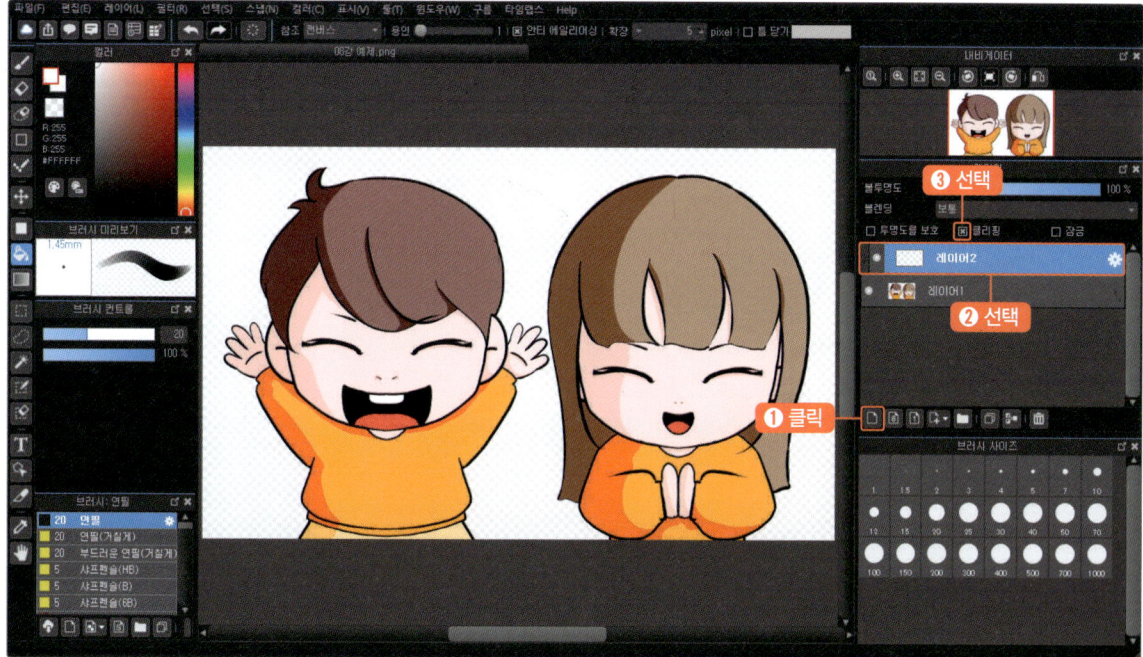

 클리핑 설정

레이어에 [클리핑]을 설정하면 아래쪽에 있는 레이어에서 그려진 부분에만 선을 그리거나 색을 채울 수 있습니다.

⑤ '레이어1'의 이름을 '그림', '레이어2'의 이름을 '하이라이트'로 변경합니다.

Chapter 08. 반짝반짝 빛나는 내 모습!

❻ 도구메뉴에서 스포이트 툴( )을 선택하고 머리카락을 클릭하여 머리카락의 색을 가져옵니다.

❼ 브러시 툴( )을 선택하고 [브러시] 창에서 '펜(페이드 인/아웃)'을 선택한 후 [컬러] 창에서 머리카락 색보다 밝은 색을 선택한 뒤 머리카락에 하이라이트를 그려 봅니다.

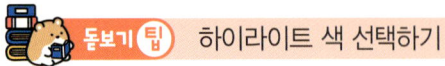
하이라이트 색 선택하기

하이라이트는 흰색으로 그려도 되지만 머리카락 색보다 밝게 설정하여 그릴 경우 하이라이트가 자연스러워 집니다.

❽ 빛에서 가까운 부분을 표현하기 위해 하이라이트 방향으로 선을 'H' 모양을 만들면서 그립니다.

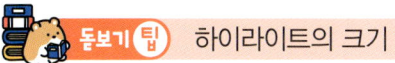 하이라이트의 크기

빛에서 가까울수록 하이라이트를 크게 그리고 빛에서 멀어질수록 하이라이트를 작게 그립니다.

❾ 머리카락의 나머지 하이라이트도 전부 그립니다.

Chapter 08. 반짝반짝 빛나는 내 모습!　**073**

02 하이라이트 모양 변경하기

브러시 종류 중 손가락 브러시를 활용하여 하이라이트 모양을 정리해 봅니다.

① [브러시] 창에서 '손가락'을 선택하고 [브러시 컨트롤]에서 브러시 크기를 '50', 브러기 강도를 '50%'로 변경합니다.

돋보기 팁 브러시 크기와 강도 설정

브러시 크기와 강도는 자유롭게 설정하면서 사용합니다.

② 그려진 하이라이트를 위나 아래 방향으로 밀거나 당겨 자연스러운 모양을 만들어 봅니다.

03 밝은 영역 표현하기

옷 색보다 밝은 색을 선택하여 옷의 가장 밝은 부분을 채색해 봅니다.

① [레이어] 창에서 새로운 레이어의 추가(📄)를 클릭하고 [클리핑]을 선택한 후 스포이트 툴(🖋)로 옷의 색을 가져옵니다.

② [컬러] 창에서 옷 색보다 밝은 색을 선택하고 브러시 툴(🖌)을 선택한 후 [브러시] 창에서 '펜(페이드 인/아웃)'을 선택한 뒤 빛의 방향을 생각하며 가장 밝은 부분을 그립니다.

Chapter 08. 반짝반짝 빛나는 내 모습! **075**

❸ ❶~❷와 같은 방법으로 얼굴에 밝은 영역을 그려 봅니다.

❹ 나머지 캐릭터에도 머리카락 부분에 하이라이트를 그린 뒤 완성된 그림을 [PNG] 파일로 저장합니다.

CHAPTER 08 재미 팡팡! 레벨 UP

▶ 예제 파일 : 08강 레벨업 예제.png   ▶ 완성 파일 : 08강 레벨업 완성.png

1 '08강 레벨업 예제' 파일을 불러와 버킷 툴(🪣)과 브러시를 활용하여 채색해 봅니다.

2 채색을 끝낸 그림에 하이라이트와 그림자를 그려 봅니다.

Chapter 08. 반짝반짝 빛나는 내 모습!   **077**

CHAPTER 09 숲을 그려봐요!

#수채화 #색상 배합 #색 보충 #가우시안 블러

▶ 예제 파일 : 09강 예제.png   ▶ 완성 파일 : 09강 완성.png

오늘의 학습목표

- 수채 브러시를 활용하여 색을 섞을 수 있습니다.
- 색상 배합의 용이함과 색 보충의 값을 조절하여 혼합 정도를 조절할 수 있습니다.
- 가우시안 블러를 활용하여 그림의 흐림 정도를 조절할 수 있습니다.

핵심 POINT

▶ 이동 툴(✥) : 선택한 레이어를 이동할 수 있는 도구입니다.
▶ 레이어의 복사(▢) : 선택된 레이어를 복사합니다.
▶ 가우시안 블러 : 입력된 값만큼 그림을 흐리게 만듭니다.
▶ 변형 : 그림의 크기를 변형할 수 있습니다.

드로잉 스케치!

평소 자연 풍경 그리는 것을 좋아하는 가온이는 숲 속의 모습을 그리려고 해요.
"메디방 페인트로 그리면 더 멋지게 그릴 수 있을 거 같아. 우선 햇님의 위치를 파악하고 밝은 부분과 어두운 부분을 그려볼까?"

★ 색연필로 나무를 채색하여 꾸며 봅시다.

01 수채 브러시로 색상 혼합하기

나무에 사용할 밝은 갈색과 어두운 갈색 그리고 중간 갈색을 수채 브러시로 만들어 봅니다.

① 메디방 페인트() 프로그램을 더블 클릭하여 실행한 후 [로그인], [medibang 클라우드 서비스] 등의 대화상자가 나타나면 전부 [닫기(X)]를 클릭하여 닫습니다.

② [파일]-[열기]를 클릭하고 [이미지 열기] 대화상자가 나타나면 '09강 예제' 파일을 선택한 후 [열기] 버튼을 클릭합니다.

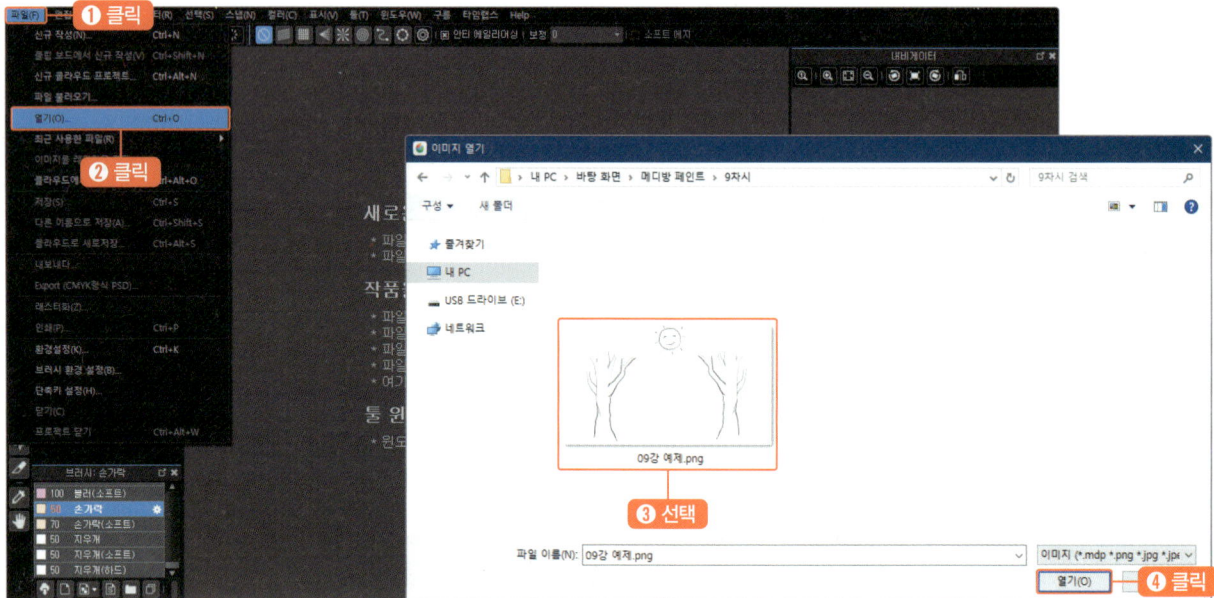

③ [레이어] 창에서 레이어의 추가(□)를 클릭하여 새로운 레이어 3개를 추가하고 이름을 각각 '나무 채색', '해 채색', '배경 채색', '스케치'로 변경합니다.

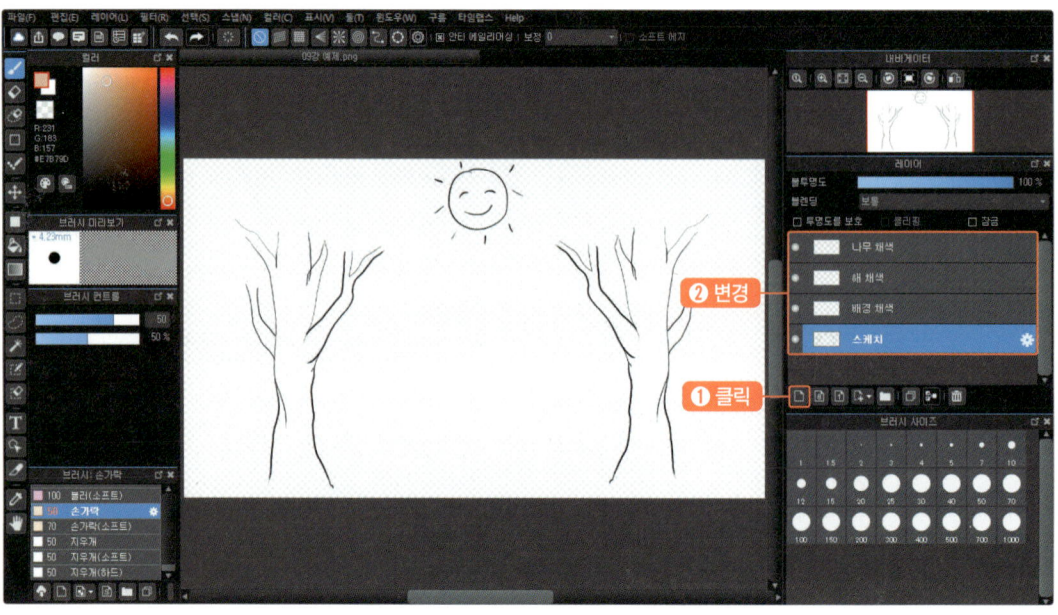

④ 레이어를 드래그하여 '스케치', '나무 채색', '해 채색', '배경 채색' 순서로 재배치합니다.

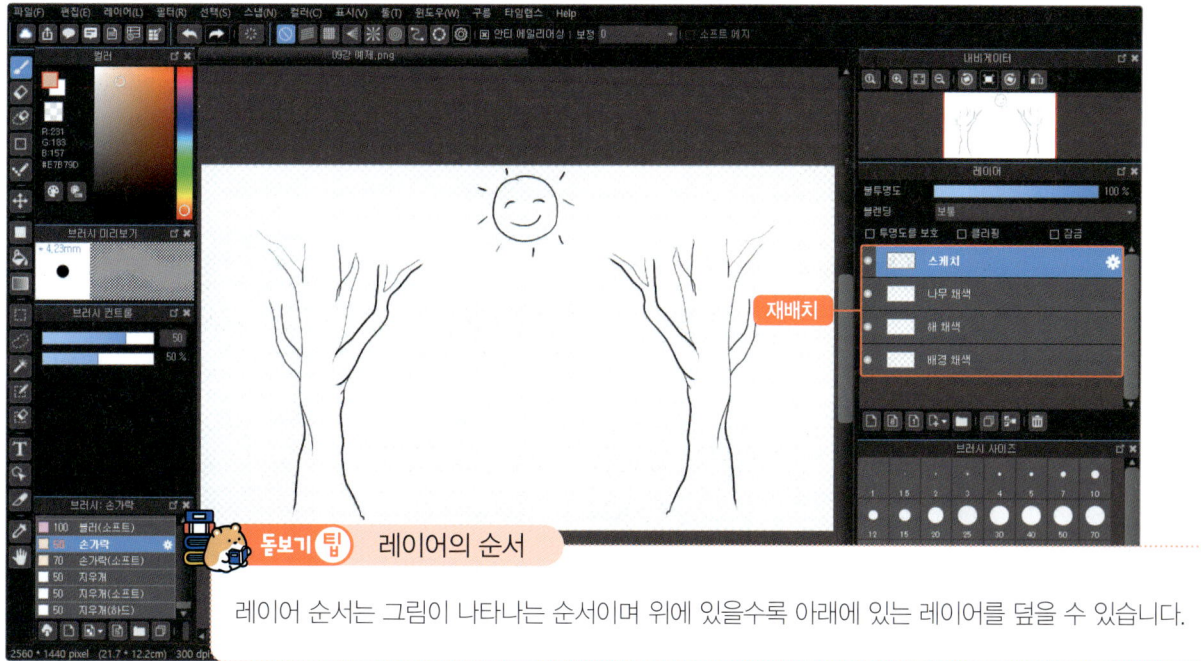

돋보기 팁 레이어의 순서

레이어 순서는 그림이 나타나는 순서이며 위에 있을수록 아래에 있는 레이어를 덮을 수 있습니다.

⑤ 나무에 사용할 색을 만들기 위해 [레이어] 창에서 '나무 채색' 레이어를 선택하고 브러시 툴(✐)을 선택한 후 브러시의 종류를 [브러시] 창에서 '수채(wet)'로 선택한 뒤 [브러시 컨트롤] 창에서 '색상 배합의 용이함'의 값을 '100'으로 변경합니다.

돋보기 팁 색상 배합의 용이함 & 색 보충

- 색상 배합의 용이함 : 다른 색과 섞이는 정도이며 값이 높을수록 더 잘 섞입니다.
- 색 보충 : 다른 색을 섞을 때 컬러 창의 색을 얼마나 보충할지 선택합니다.

❻ [컬러] 창에서 나무에 색칠할 갈색 계열의 밝은 부분과 어두운 부분의 색을 '나무 채색' 레이어에 칠해 놓고 [브러시 컨트롤] 창에서 '색 보충'의 값을 '0'으로 변경한 후 두 개의 색을 혼합합니다.

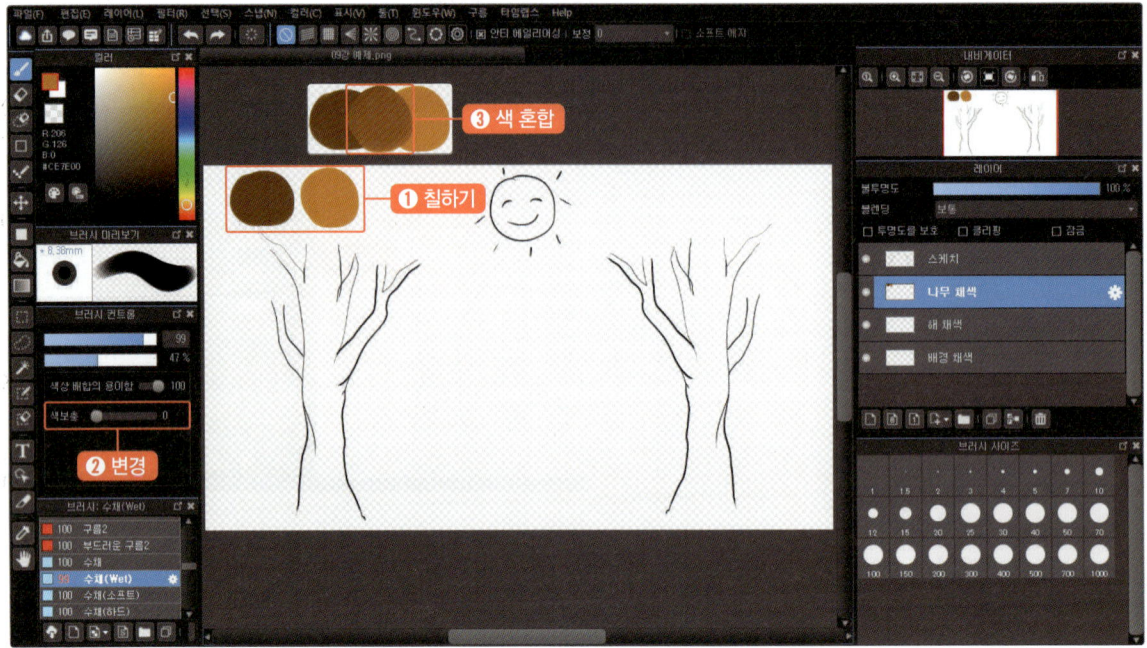

❼ 스포이트 툴( )을 활용하여 준비된 색을 가져오고 [브러시 컨트롤] 창에서 '색상 배합의 용이함'과 '색 보충' 값을 변경해가며 나무를 채색해 봅니다.

돋보기 팁 색상 가져오기

- 준비된 색은 키보드에서 Alt 키를 누른 채 마우스 왼쪽 버튼으로 클릭하면 가져와서 사용할 수 있습니다.
- 채색을 할 때 햇님을 기준으로 어두운 곳과 밝은 곳을 표현해 봅니다.

❽ [레이어] 창에서 '스케치' 레이어를 해제한 후 지우개 툴(◆)로 나무를 정리합니다.

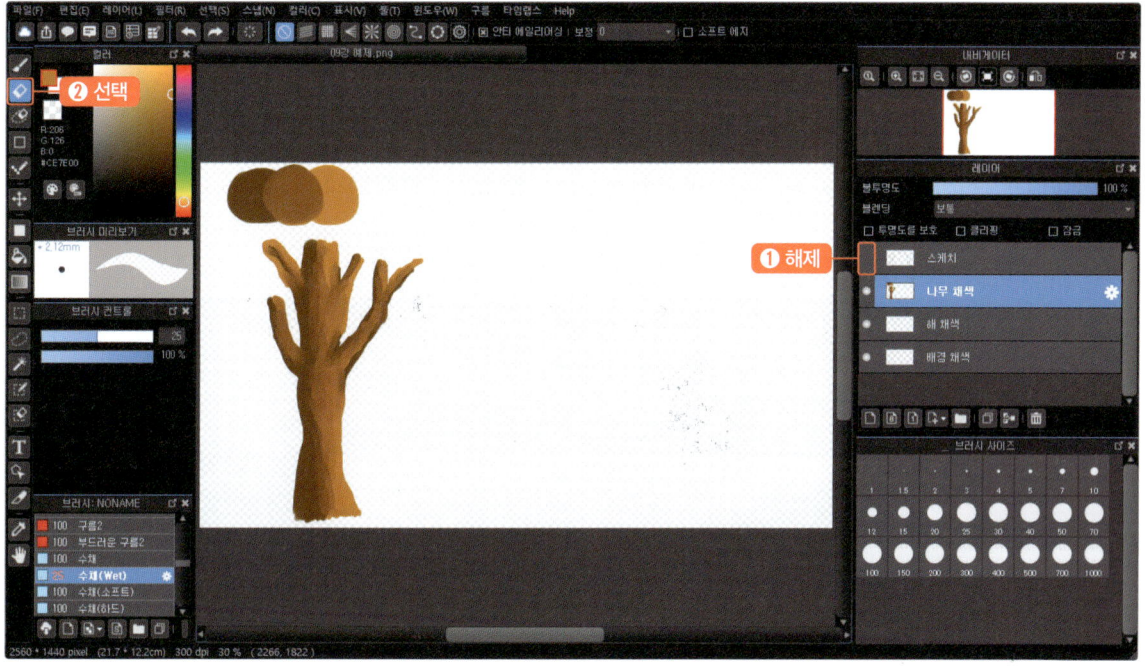

❾ ❻~❽과 같은 방법으로 나무에 나뭇잎도 채색해 봅니다.

❿ 지우개 툴(◆)로 준비했던 색은 지웁니다.

Chapter 09. 숲을 그려봐요! **083**

02 가우시안 블러 기능으로 원근감 표현하기

가우시안 블러 기능으로 가까운 나무와 먼 거리에 있는 나무를 표현해 봅니다.

① 울창한 나무 숲을 만들기 위해 [레이어] 창에서 '나무 채색' 레이어를 선택하고 '레이어의 복제(🗐)'를 클릭합니다.

② 아래쪽에 있는 '나무 채색' 레이어를 선택하고 이동 툴(✥)로 나무의 위치를 이동한 후 Ctrl+T를 누른 뒤 조절점을 드래그하여 크기를 조절하고 [확인] 버튼을 클릭합니다.

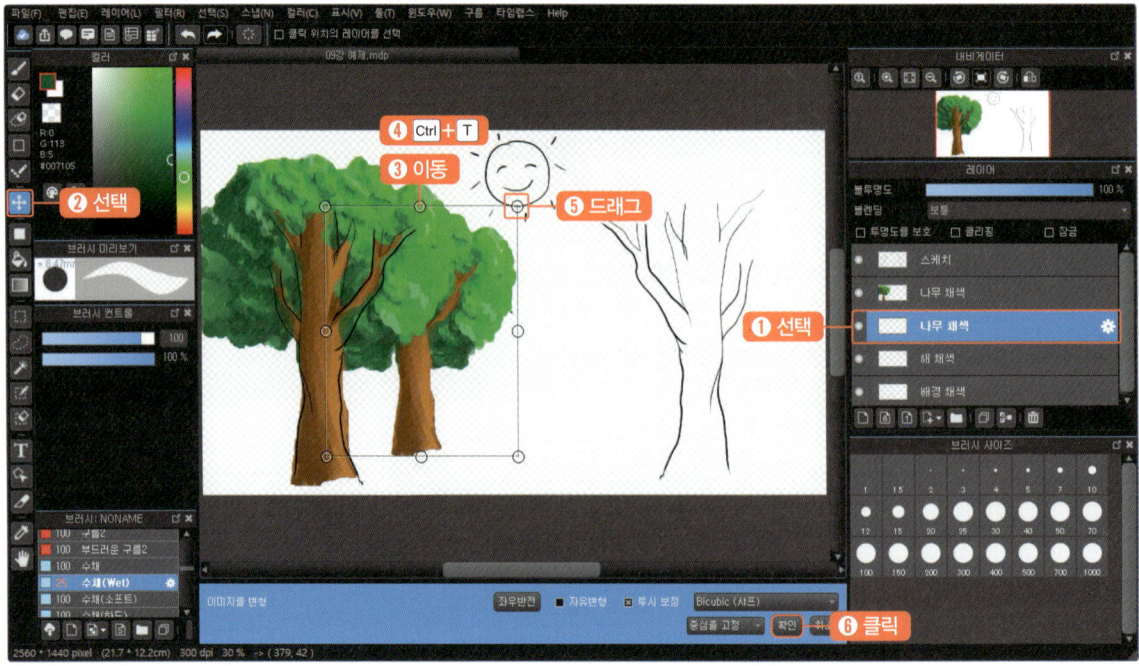

❸ 뒤에 있는 나무는 조금 흐리게 표현하기 위해 [필터]-[가우시안 블러]를 선택하고 [가우시안 블러] 창이 나타나면 값을 '2'로 설정한 후 [확인] 버튼을 클릭합니다.

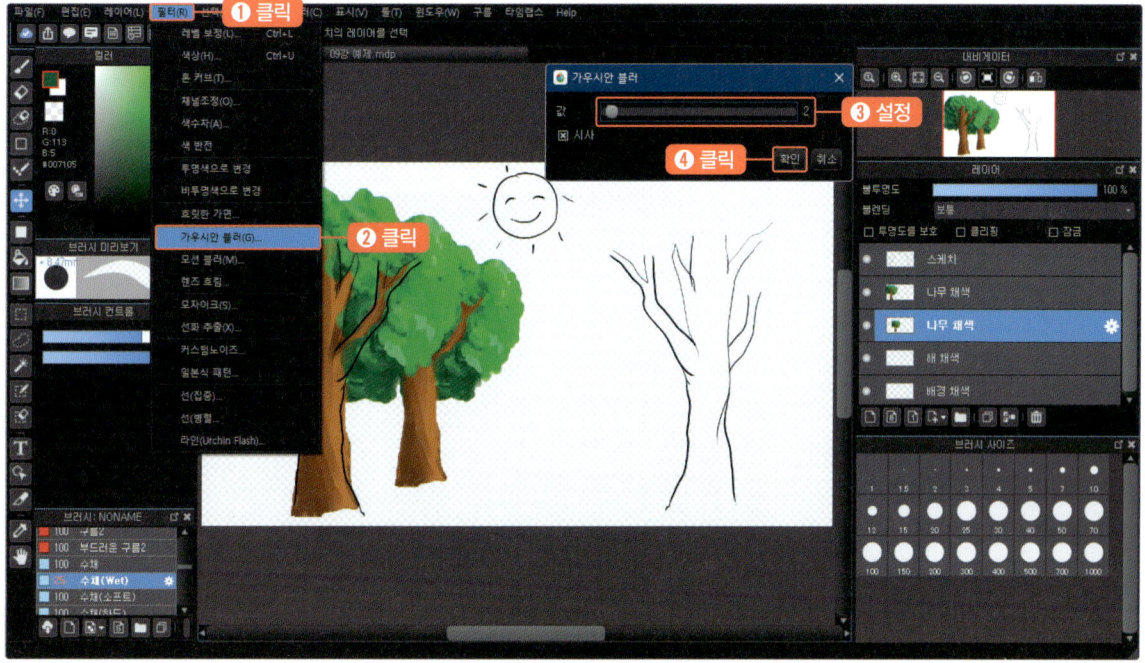

 가우시안 블러 설정

가우시안 블러 값이 높을수록 그림이 흐려집니다.

❹ 지금까지 배운 내용을 활용하여 울창한 숲을 완성해 봅니다.

03 숲 완성하기

그 동안 배운 기능을 활용하여 숲의 바닥과 하늘을 완성해 봅니다.

❶ [레이어] 창에서 '배경 채색' 레이어를 선택한 후 바닥과 하늘을 채색해 봅니다.

❷ [레이어] 창에서 '해 채색' 레이어를 선택한 후 햇빛을 채색한 뒤 레이어를 자유롭게 추가하여 숲을 완성해 봅니다. 그리고 [파일]-[다른 이름으로 저장]을 클릭한 후 [PNG] 파일로 저장해 봅니다.

CHAPTER 09 재미 팡팡! 레벨 UP

▶ 예제 파일 : 09강 레벨업 예제.png   ▶ 완성 파일 : 09강 레벨업 완성.png

1. '09강 레벨업 예제' 파일을 불러와 버킷 툴( )과 브러시를 활용하여 채색해 봅니다.

2. 채색한 꽃을 '수채(Wet)' 브러시로 자유롭게 꾸며 봅니다.

Chapter 09. 숲을 그려봐요! **087**

찰랑찰랑 파도 그리기

CHAPTER 10

#에어브러시 #블렌딩 #오버레이 #수채

▶ 예제 파일 : 10강 예제.png   ▶ 완성 파일 : 10강 완성.png

오늘의 학습목표

- 사진을 참고하여 파도를 스케치할 수 있습니다.
- 에어브러시를 활용하여 파도가 출렁이는 모습을 표현할 수 있습니다.
- 레이어의 불투명도 효과를 이용하여 젖은 모래사장을 그릴 수 있습니다.
- 블렌딩의 오버레이 효과를 적용시킬 수 있습니다.

핵심 POINT

- ▶ 스포이트 툴(🖊) : 선택한 그림의 색을 추출하여 사용할 수 있는 도구입니다.
- ▶ 레이어의 추가(📄) : 새로운 레이어를 추가할 수 있습니다.
- ▶ 레이어의 삭제(🗑) : 레이어를 삭제합니다.
- ▶ 블렌딩 : 레이어에 다양한 표현(발광, 오버레이 등)이 가능하도록 설정하는 기능입니다.

드로잉 스케치!

학교 숙제로 자연의 모습을 채색해야 하는 희수는 무엇을 그릴지 고민하고 있었어요. "어떻게 채색해야 할까? 아! 맞다! 저번에 놀러가서 봤던 바다 사진을 수채 브러시로 채색해보는 거야!"

★ 사진을 관찰하고 구름, 파도, 모래사장 영역을 선으로 그려 봅니다.

 각각 구름, 파도, 모래사장 레이어로 구분지어 채색할 예정입니다.

Chapter 10. 찰랑찰랑 파도 그리기 **089**

01 사진을 참고하여 스케치하기

파도 사진이 있는 예제 파일을 가져와 새로운 레이어에 파도를 스케치해 봅니다.

① 메디방 페인트( ) 프로그램을 더블 클릭하여 실행한 후 [로그인], [medibang 클라우드 서비스] 등의 대화상자가 나타나면 전부 [닫기(X)]를 클릭하여 닫습니다.

② [파일]-[열기]를 클릭하고 [이미지 열기] 대화상자가 나타나면 '10강 예제' 파일을 선택한 후 [열기] 버튼을 클릭합니다.

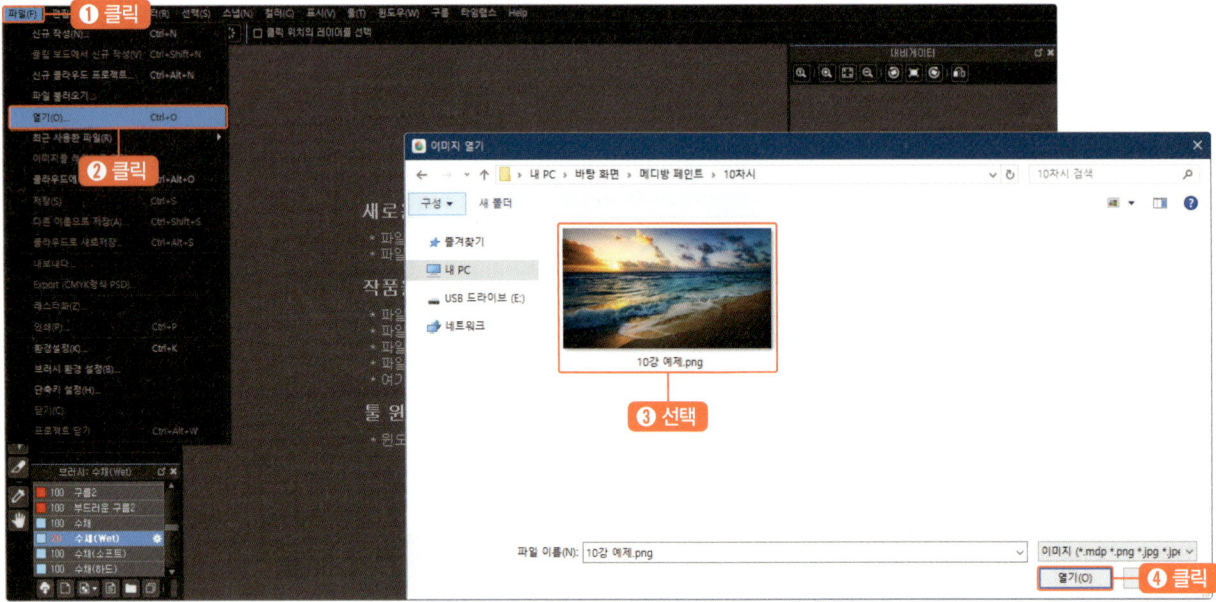

③ 그리고 싶은 영역을 선으로 스케치하기 위해 [레이어] 창에서 레이어의 추가( )를 클릭하고 레이어 이름을 각각 '스케치', '사진'으로 변경합니다.

④ '스케치' 레이어를 선택하고 도구메뉴에서 브러시 툴( )을 선택한 후 [브러시] 창에서 마음에 드는 브러시를 선택한 뒤 사진에서 구름과 파도를 검은색 선으로 그려 봅니다.

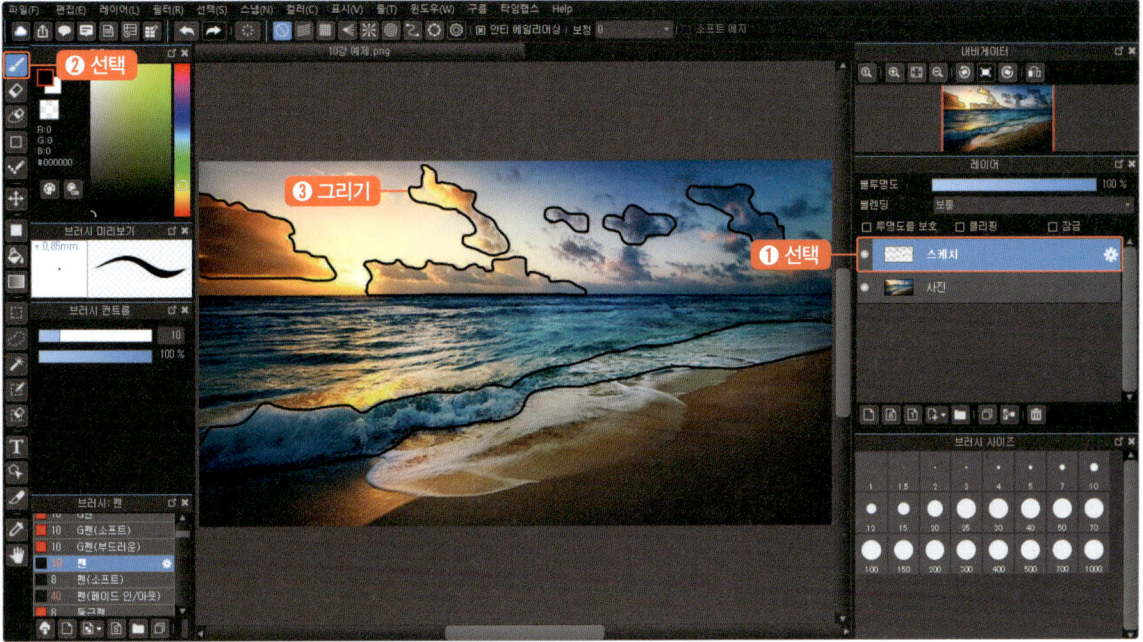

⑤ 하늘을 채색하기 위해 [레이어] 창에서 레이어의 추가( )를 클릭하고 레이어 이름을 '채색'으로 변경한 후 '스케치' 레이어 아래로 이동합니다.

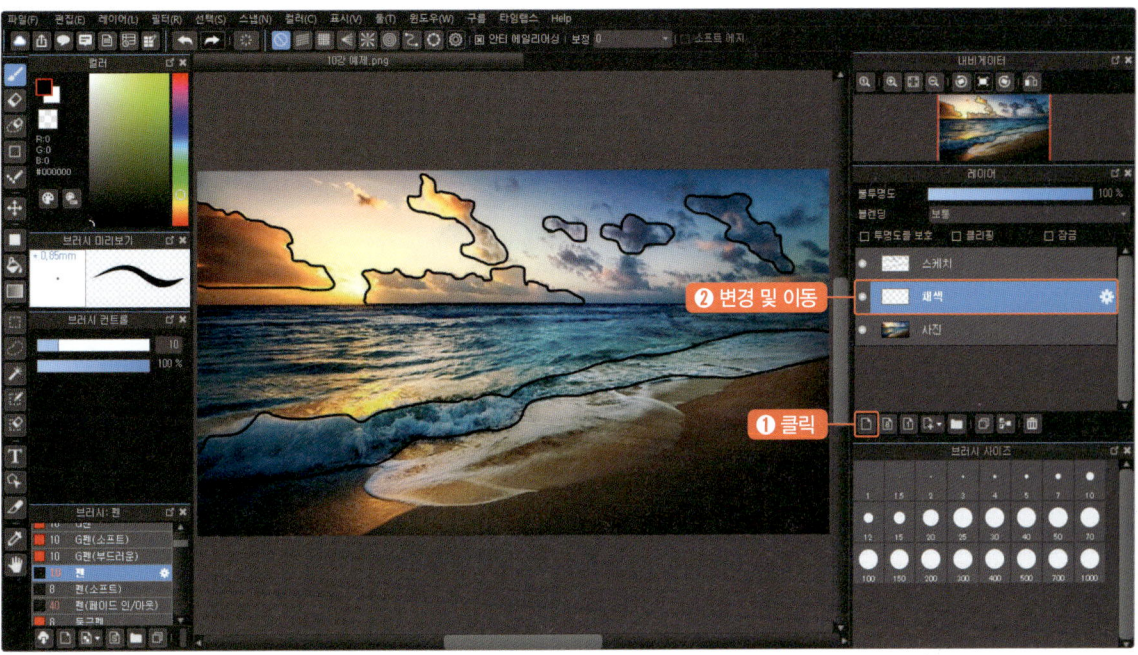

Chapter 10. 찰랑찰랑 파도 그리기 **091**

02 수채 브러시로 채색하기

수채 브러시의 색을 자유롭게 변경하며 사진을 채색해 봅니다.

① 도구메뉴에서 스포이트 툴( )을 선택하고 하늘을 클릭하여 사용할 색을 가져옵니다.

② 브러시 툴( )을 선택하고 [브러시] 창에서 '수채(Wet)'를 선택한 후 [색상 배합의 용이함]과 [색 보충] 값을 변경하며 하늘을 채색합니다.

❸ [레이어] 창에서 레이어의 추가(□)를 3번 클릭하고 레이어 이름을 각각 '모래사장 채색', '파도 채색', '구름 채색'으로 변경한 후 위치를 '스케치' 레이어 아래로 이동한 뒤 채색해 봅니다.

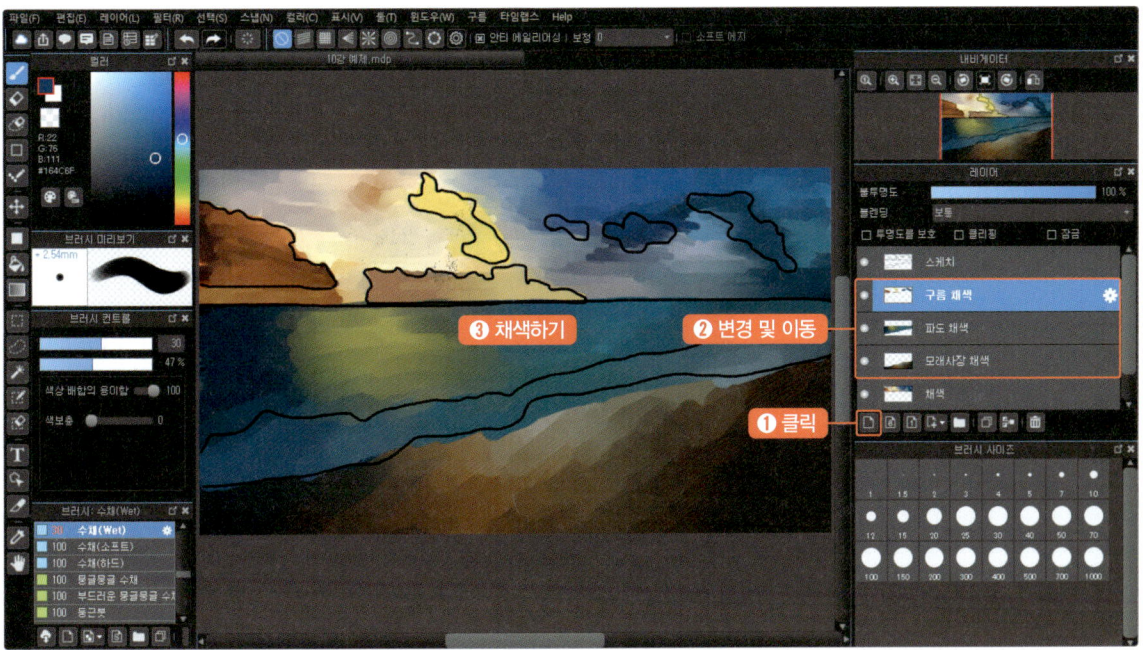

돋보기 팁 — 레이어의 위치

- 레이어가 위쪽에 있을수록 상대적으로 아래쪽에 있는 레이어를 덮을 수 있습니다.
- 파도가 모래사장을 덮기 위해 '파도 채색' 레이어는 '채색'과 '모래사장 채색' 레이어 위쪽에 위치합니다.
- 레이어를 숨길 경우 덮어져 있는 아래쪽 레이어를 보이게 할 수 있습니다.

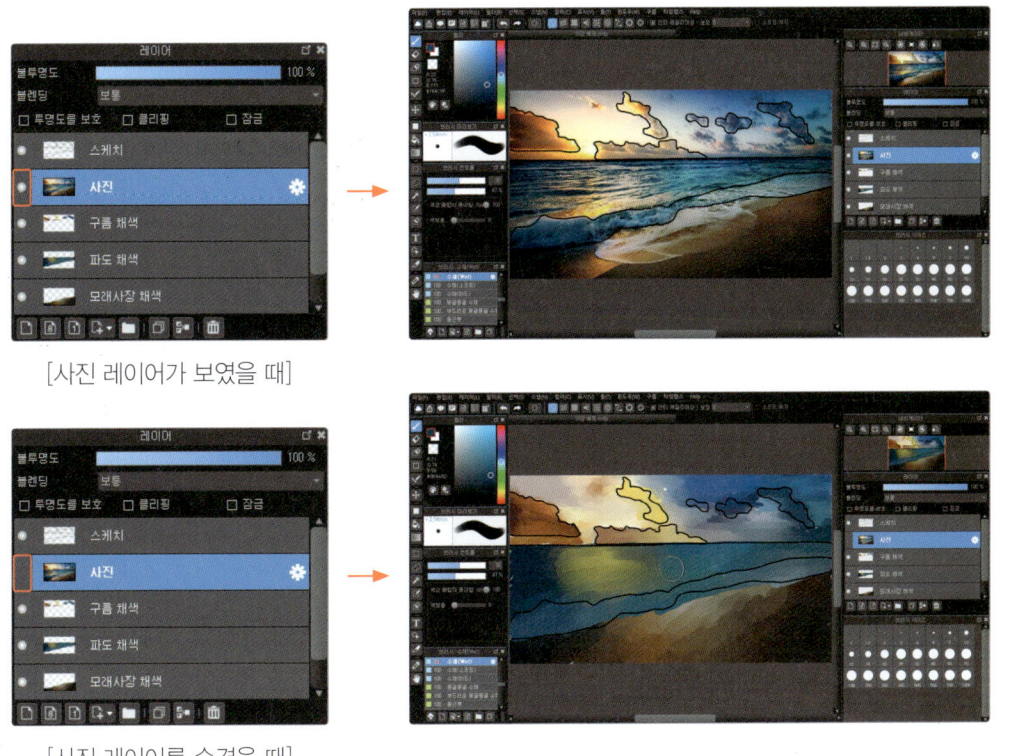

[사진 레이어가 보였을 때]

[사진 레이어를 숨겼을 때]

Chapter 10. 찰랑찰랑 파도 그리기 **093**

④ [레이어] 창에서 '스케치' 레이어와 '사진' 레이어를 선택하고 레이어의 삭제(🗑)를 클릭하여 삭제한 후 레이어의 추가(📄)를 클릭한 뒤 [브러시] 창에서 '에어브러시'와 '펜'을 사용하여 파도가 출렁이는 모습을 채색해 봅니다.

에어브러시 효과

펜으로 점 찍기

⑤ 레이어의 추가(📄)를 클릭하고 물에 젖은 모래사장을 채색한 후 불투명도 값을 '45%', 블렌딩을 '오버레이'로 설정합니다.

돋보기 팁 오버레이 설정
밝은 색을 더 밝게, 어두운 색을 더 어둡게 해주는 기능입니다.

CHAPTER 10 재미 팡팡! 레벨 UP

▶ 예제 파일 : 10강 레벨업 예제.jpg   ▶ 완성 파일 : 10강 레벨업 완성.png

1 '10강 레벨업 예제' 파일을 불러와 자연 경관을 보고 레이어로 구분지어 채색할 영역을 선으로 그려 봅니다.

2 선으로 채색할 영역을 구분지은 자연 경관을 '수채(Wet)' 브러시를 활용하여 채색해 봅니다.

Chapter 10. 찰랑찰랑 파도 그리기 **095**

 선화를 추출해보자!

#인터넷 검색 #선화 추출 #테두리

▶ 예제 파일 : 11강 예제1~4.png   ▶ 완성 파일 : 11강 완성.png

오늘의 학습목표

- 인터넷에서 필요한 이미지를 검색할 수 있습니다.
- 사진에서 선화를 추출할 수 있습니다.
- 추출된 선화를 활용하여 그림을 그릴 수 있습니다.

 핵심 POINT

- ▶ 브러시 툴(🖌) : 그림을 그릴 때 사용하는 도구입니다.
- ▶ 레이어의 추가(📄) : 새로운 레이어를 추가할 수 있습니다.
- ▶ 선화 추출 : 사진에서 색은 지우고 테두리만 남기는 기능입니다.

드로잉 스케치!

오늘은 가장 좋아하는 자동차를 그려보는 시간이에요. 희남이는 평소 좋아하던 자동차 사진을 준비했어요. "내가 좋아하는 자동차를 멋지게 그려보겠어!"

★ 사진의 테두리를 따라 선을 그려 보세요.

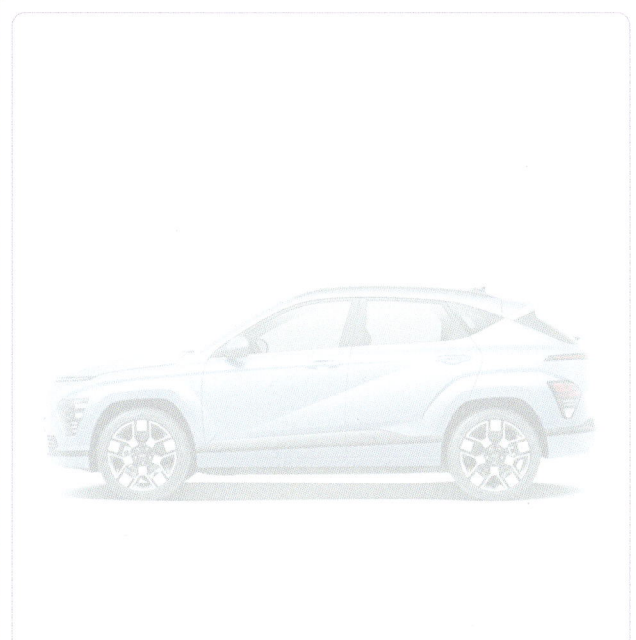

Chapter 11. 선화를 추출해보자!

01 인터넷에서 사진 가져오기

선화 추출에 사용할 사진을 인터넷에서 검색하여 저장하고 메디방 페인트로 불러와 봅니다.

❶ Microsoft Edge(🌀), Chrome(🔴) 등 웹 브라우저를 실행하여 '자동차'를 검색하고 [이미지] 버튼을 클릭합니다.

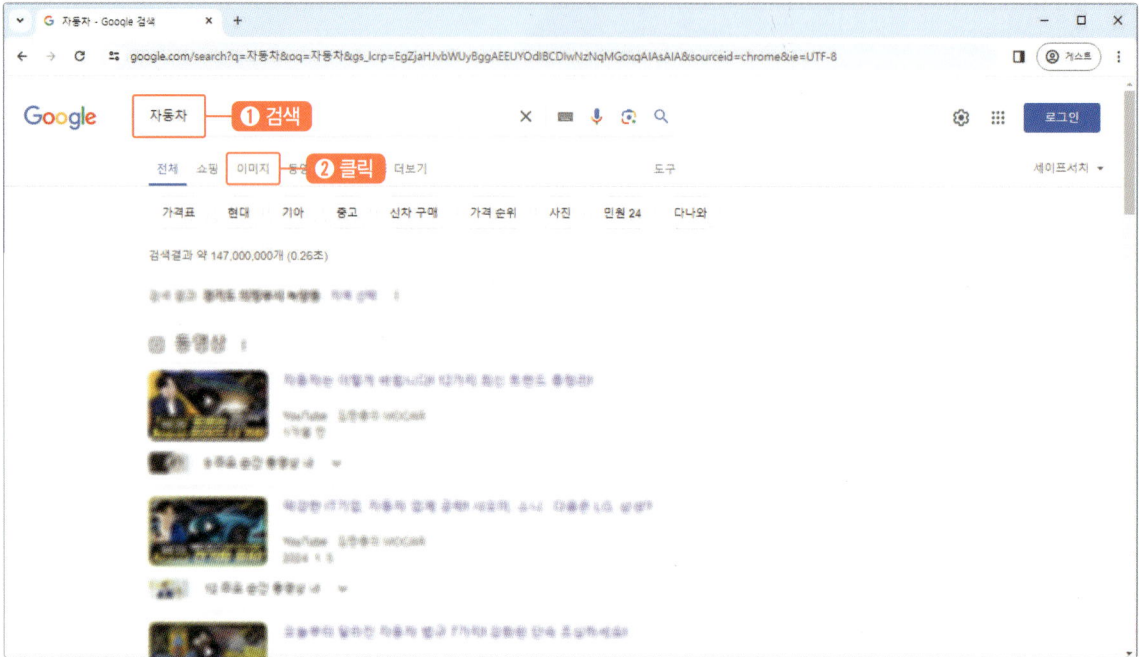

❷ 검색 결과를 확인하고 마음에 드는 자동차 이미지를 선택합니다.

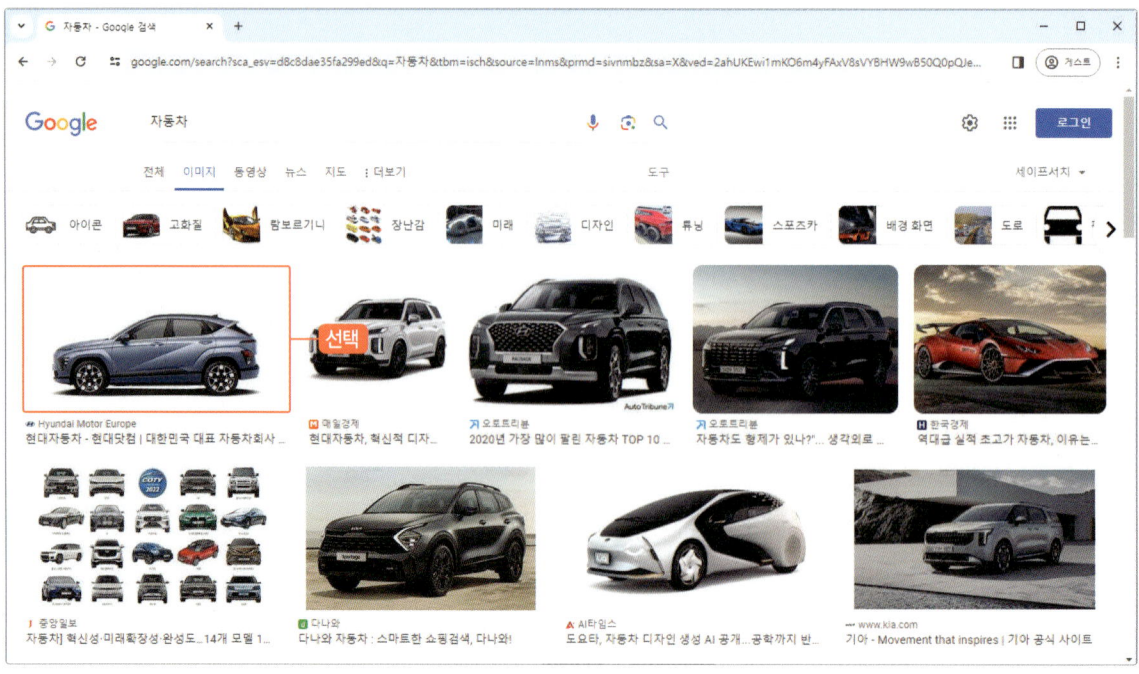

098 알록달록 디지털 드로잉 **메디방 페인트**

③ 자동차 이미지를 마우스 오른쪽 버튼으로 클릭하고 [이미지를 다른 이름으로 저장]을 클릭하여 [다른 이름으로 저장] 대화상자가 나타나면 파일 이름을 '자동차'로 입력한 후 파일 형식을 [PNG]로 설정한 뒤 [저장] 버튼을 클릭합니다.

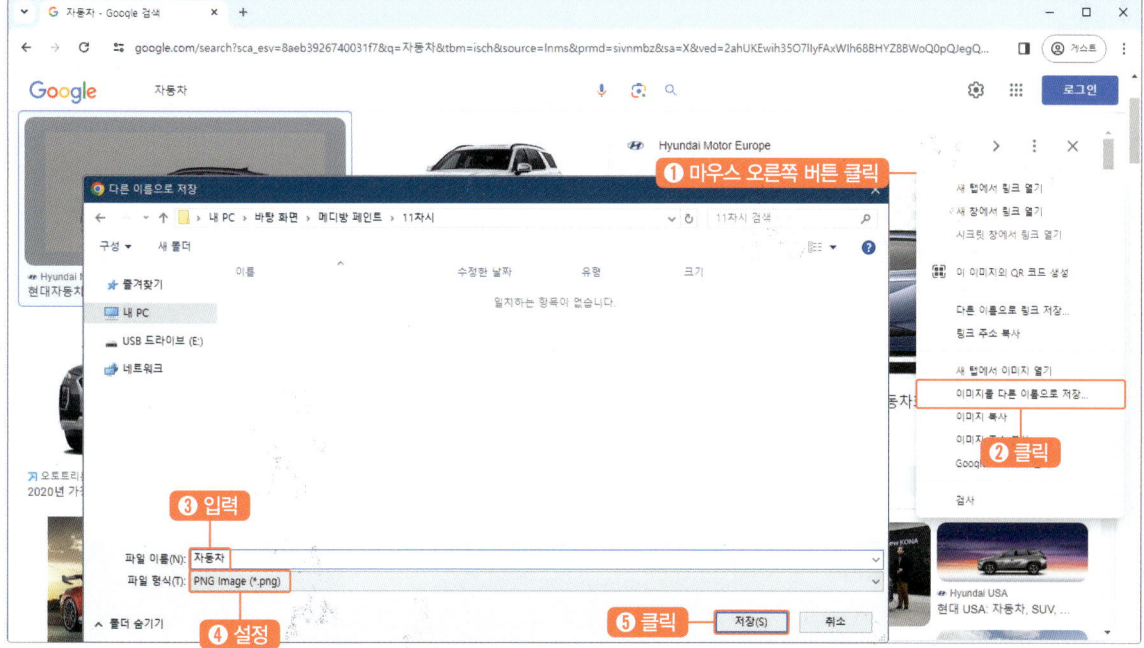

④ 메디방 페인트( ) 프로그램을 더블 클릭하여 실행한 후 [로그인], [medibang 클라우드 서비스] 등의 대화상자가 나타나면 전부 [닫기(X)]를 클릭하여 닫습니다.

⑤ [파일]-[열기]를 클릭하고 [이미지 열기] 대화상자가 나타나면 인터넷에서 검색한 '자동차' 파일을 선택한 후 [열기] 버튼을 클릭합니다.

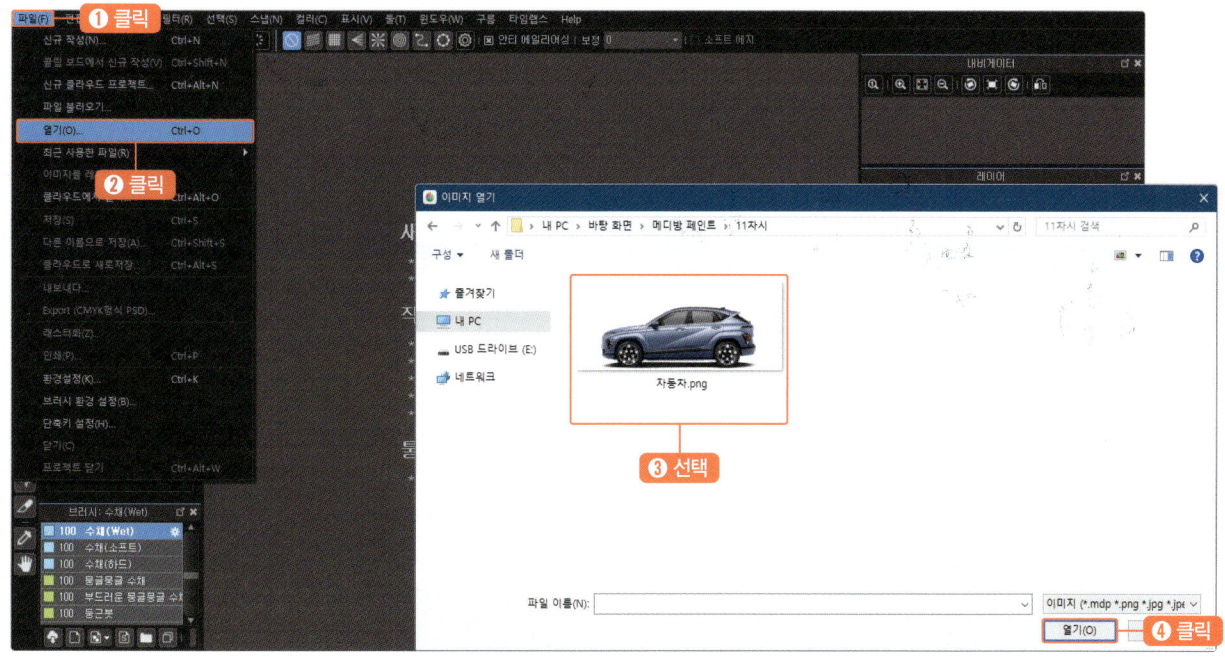

💡 만약 인터넷 검색이 불가능할 경우, '11강 예제' 파일들을 사용해 봅니다.

Chapter 11. 선화를 추출해보자! **099**

02 사진에서 선화 추출하기

인터넷에서 가져온 사진에서 선화를 추출하여 선만 남겨 봅니다.

① 사진에서 선화를 추출하기 위해 [필터]-[선화 추출]을 클릭합니다.

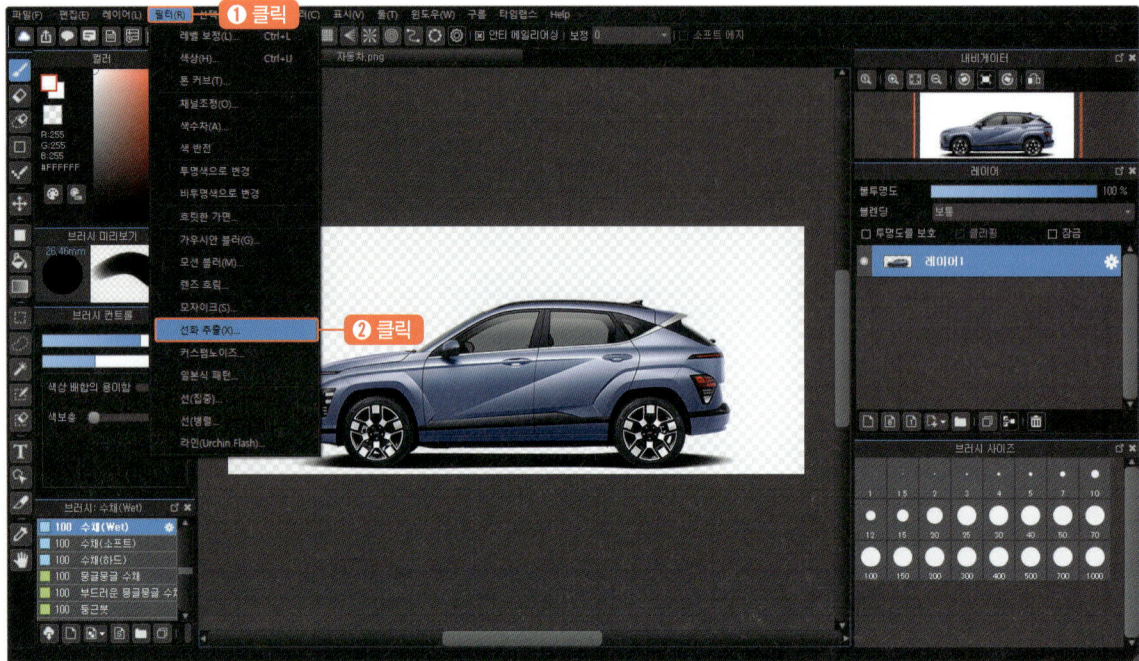

② [선화 추출] 대화상자가 나타나면 입력 칸에 있는 '▲'를 옮겨 배경색은 지우고 선만 남도록 조절한 후 [확인] 버튼을 클릭합니다.

03 테두리 그리기

새로운 레이어를 추가하고 선화가 추출된 자동차의 테두리를 선으로 그려 봅니다.

① [레이어] 창에서 레이어의 추가(　)를 클릭하고 레이어 이름을 각각 '테두리', '선화 추출'로 변경합니다.

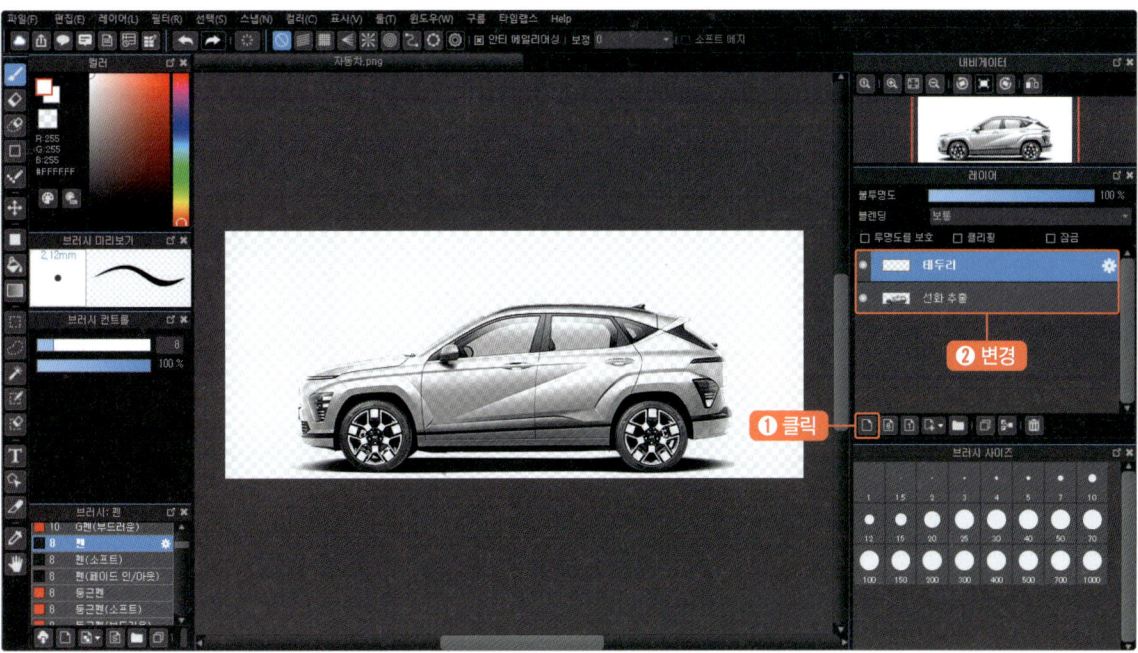

② 브러시 툴(　)을 선택하고 '테두리' 레이어를 선택한 후 '자동차'의 테두리를 그려 봅니다.

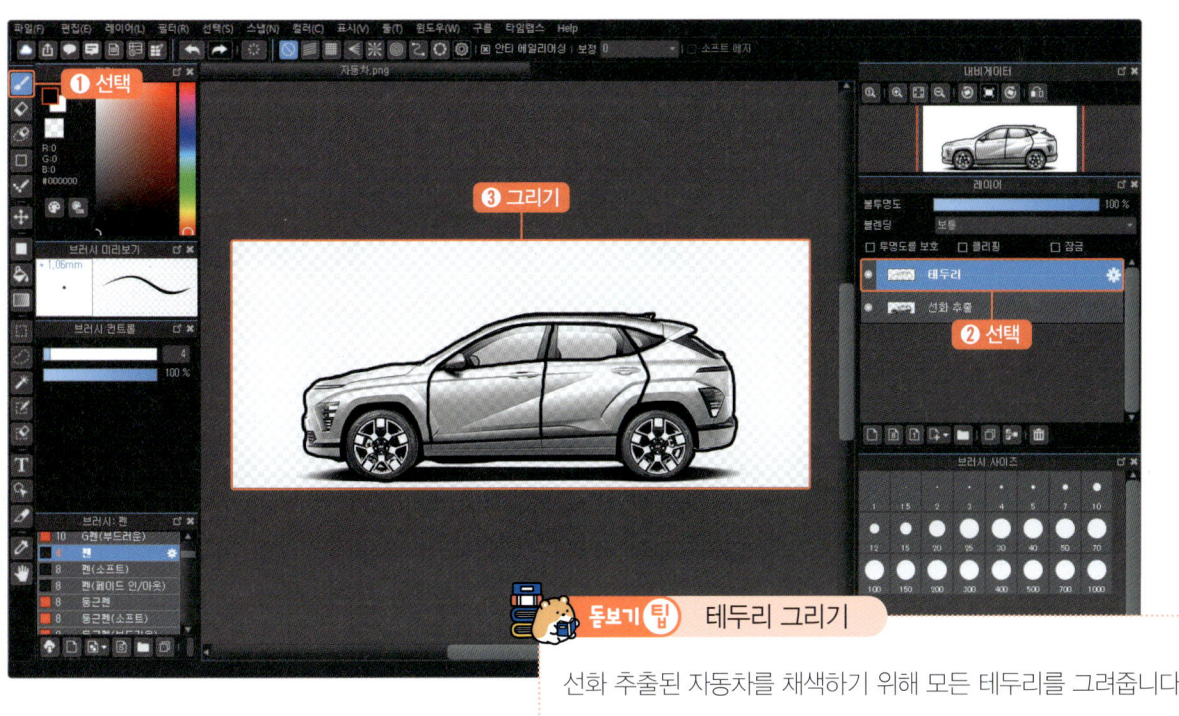

돋보기 팁 테두리 그리기
선화 추출된 자동차를 채색하기 위해 모든 테두리를 그려줍니다.

04 자동차 채색하기

새로운 레이어를 추가한 후 자동차를 채색하여 꾸며 봅니다.

❶ [레이어] 창에서 레이어의 추가()를 클릭하고 레이어 이름을 '채색'으로 변경한 후 '채색' 레이어의 위치를 맨 아래로 이동한 뒤 원하는 색으로 채색합니다.

돋보기 팁 · 레이어 위치 이동

채색으로 인해 선이 가려지지 않도록 '채색' 레이어는 '선화 추출' 레이어 아래로 이동합니다.

❷ 그림자와 하이라이트도 추가하여 그림을 꾸미고 [파일]-[다른 이름으로 저장]을 클릭한 후 [PNG] 파일을 저장합니다.

그림자나 하이라이트를 그릴 때는 새로운 레이어를 추가하여 그려 봅니다.

CHAPTER 11 재미 팡팡! 레벨 UP

▶ 예제 파일 : 11강 레벨업 예제.png   ▶ 완성 파일 : 11강 레벨업 완성.png

1 '11강 레벨업 예제' 파일의 선화를 추출해 봅니다.

2 선화를 추출한 오토바이의 테두리를 그린 뒤 채색하고 선화를 지워 봅니다.

선화 추출이 포함된 사진   선화 추출을 지우고 채색한 사진

Chapter 11. 선화를 추출해보자! **103**

예쁜 어항 만들기

#엔트리 #브러시 #수채

오늘의 학습목표

- 예제 파일을 플레이해보고 그리고 싶은 배경을 스케치할 수 있습니다.
- 스케치한 배경을 채색할 수 있습니다.
- 완성한 배경을 엔트리 게임 배경으로 설정할 수 있습니다.

▶ 예제 파일 : 12강 예제.ent, 12강 물고기.png   ▶ 완성 파일 : 12강 완성.ent

 **핵심 POINT**

▶ 브러시 툴( ) : 그림을 그릴 때 사용하는 도구입니다.
▶ 레이어의 추가( ) : 새로운 레이어를 추가할 수 있습니다.
▶ 버킷 툴( ) : 선으로 둘러싸인 곳의 색을 한번에 채울 수 있는 도구입니다.

드로잉 스케치!

수연이는 수족관에 놀러갔다가 예쁜 물고기를 보고 키우고 싶어졌어요. 작은 어항도 준비하고, 키울 물고기도 준비했지요. 그런데 수연이는 어항을 어떻게 꾸며야할지 고민이었어요. 물고기만 있는 어항을 어떻게 하면 예쁘게 꾸밀 수 있을까요?

★ 엔트리 예제 파일을 플레이해보고 꾸미고 싶은 어항을 그려 봅니다.

 돋보기 팁 게임 방법

- 물고기를 클릭하면 물고기의 크기를 커지게 만들 수 있습니다.
- 물고기가 다 자라면 클릭을 해도 더 이상 커지지 않습니다.

Chapter 12. 예쁜 어항 만들기

01 배경 스케치하기

'드로잉 스케치!'에서 완성한 그림을 메디방 페인트로 그려 봅니다.

① 메디방 페인트() 프로그램을 더블 클릭하여 실행한 후 [로그인], [medibang 클라우드 서비스] 등의 대화상자가 나타나면 전부 [닫기(X)]를 클릭하여 닫습니다.

② [파일]-[열기]를 클릭하고 [이미지 열기] 대화상자가 나타나면 '12강 배경' 파일을 선택한 후 [열기] 버튼을 클릭합니다.

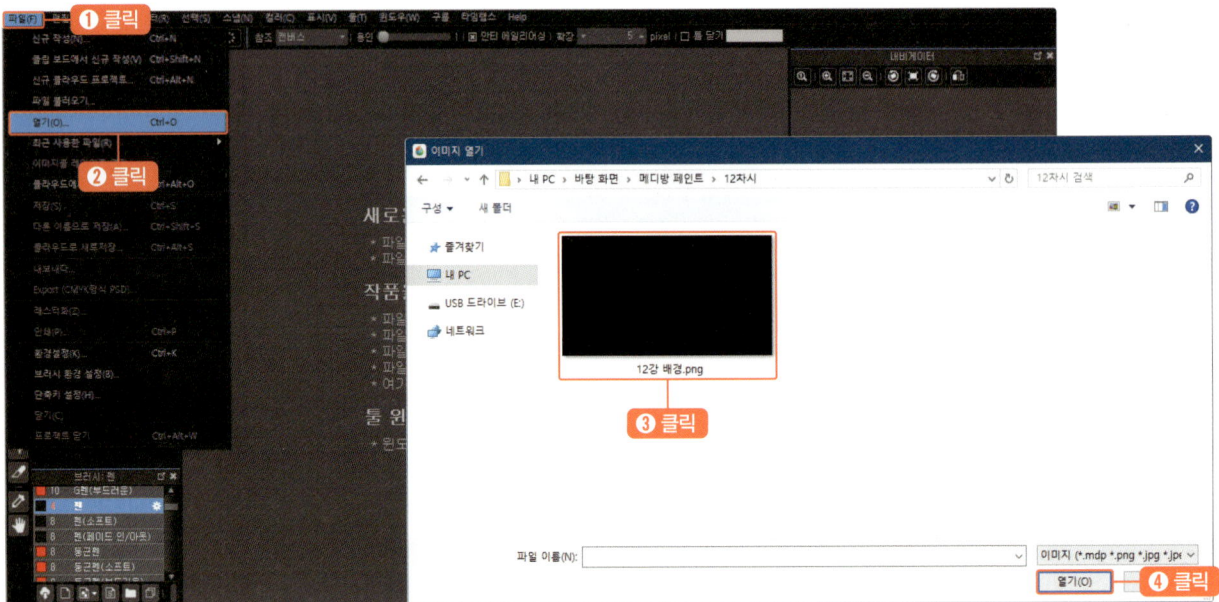

③ 브러시 툴( )을 이용하여 '드로잉 스케치!'에서 그린 배경을 스케치하고 레이어의 이름을 '선'으로 변경합니다.

106 알록달록 디지털 드로잉 **메디방 페인트**

❹ [레이어] 창에서 레이어의 추가(📄)를 클릭하고 레이어의 이름을 '채색'으로 변경합니다. 그리고 '채색' 레이어를 '선' 레이어의 아래로 이동시킨 후 버킷 툴(🪣)을 이용하여 스케치한 배경을 채색합니다.

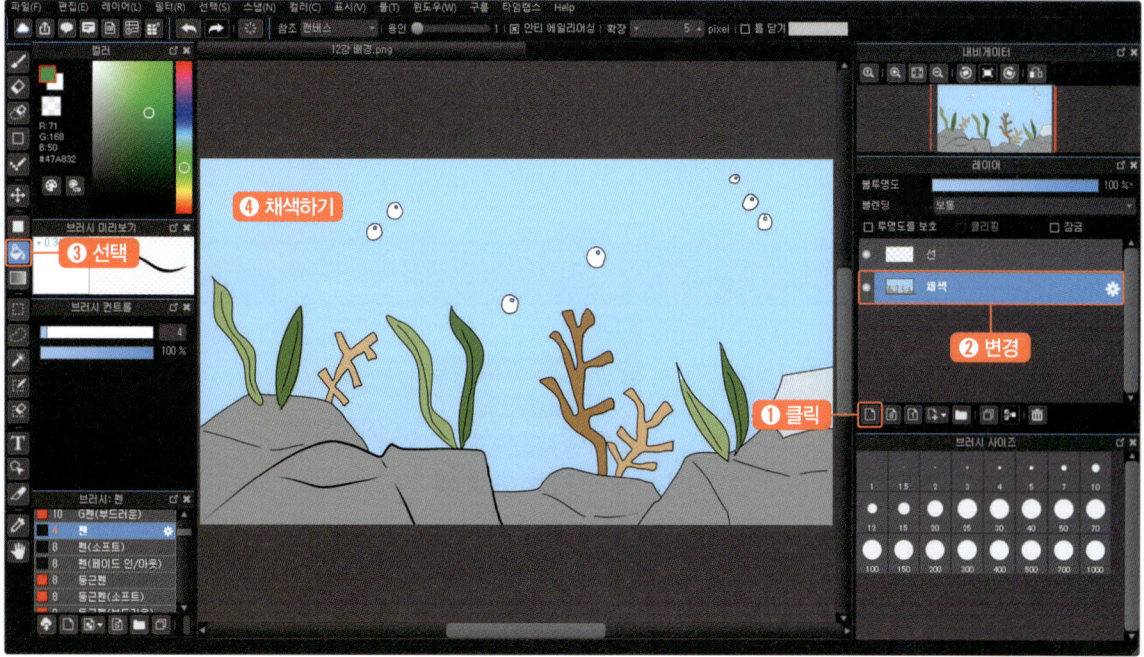

❺ 한 번 더 [레이어] 창에서 레이어의 추가(📄)를 클릭하고 레이어 이름을 '꾸미기'로 변경한 후 브러시 툴(🖌)을 선택한 뒤 '수채(Wet)' 브러시를 활용하여 배경을 꾸며 봅니다.

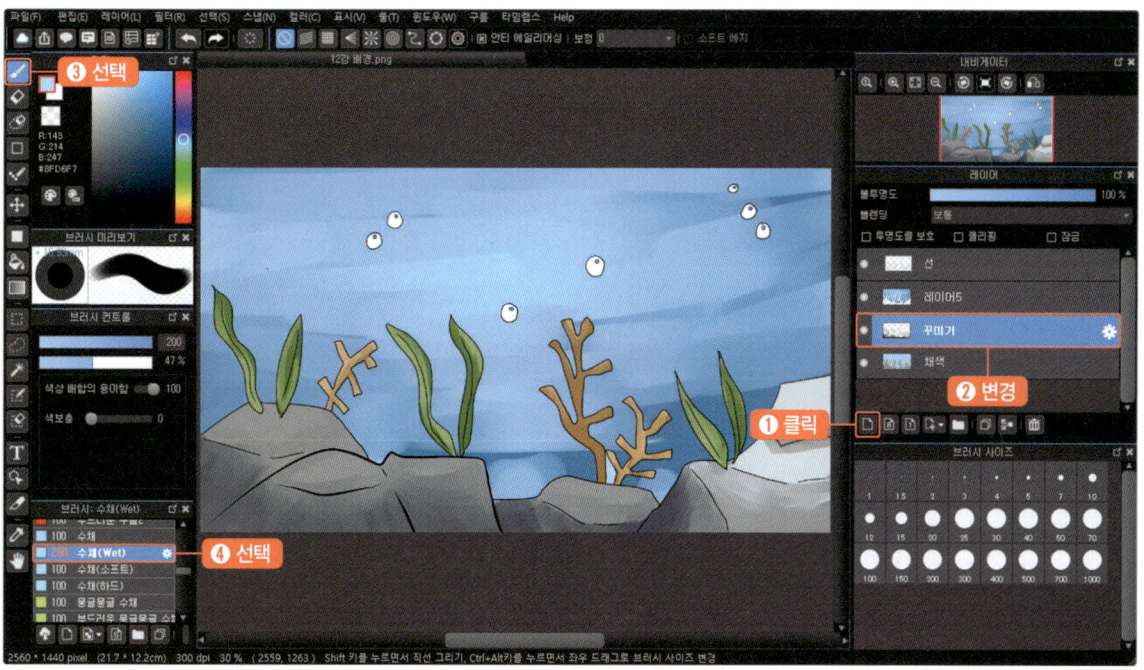

💡 바다와 바위 영역을 레이어로 나눠서 그려 봅니다.

❻ [파일]-[다른 이름으로 저장]을 클릭하고 파일 이름을 '12강 배경 완성', 파일 형식을 [PNG]로 선택한 후 바탕화면에 저장합니다.

Chapter 12. 예쁜 어항 만들기 **107**

02 앞서 그린 배경 적용하고 게임 완성하기

엔트리 프로그램을 실행하고 앞서 그린 배경을 삽입한 후 엔트리를 플레이해 봅니다.

① 엔트리( ) 아이콘을 더블 클릭하여 프로그램을 실행하고 [파일( )]-[오프라인 작품 불러오기]를 클릭합니다.

💡 엔트리가 설치되어 있지 않은 경우 엔트리 홈페이지에서 로그인을 하고 게임을 플레이해도 됩니다.

② [열기] 대화상자가 나타나면 '12강 예제' 파일을 선택하고 [열기] 버튼을 클릭하여 예제 파일을 불러옵니다.

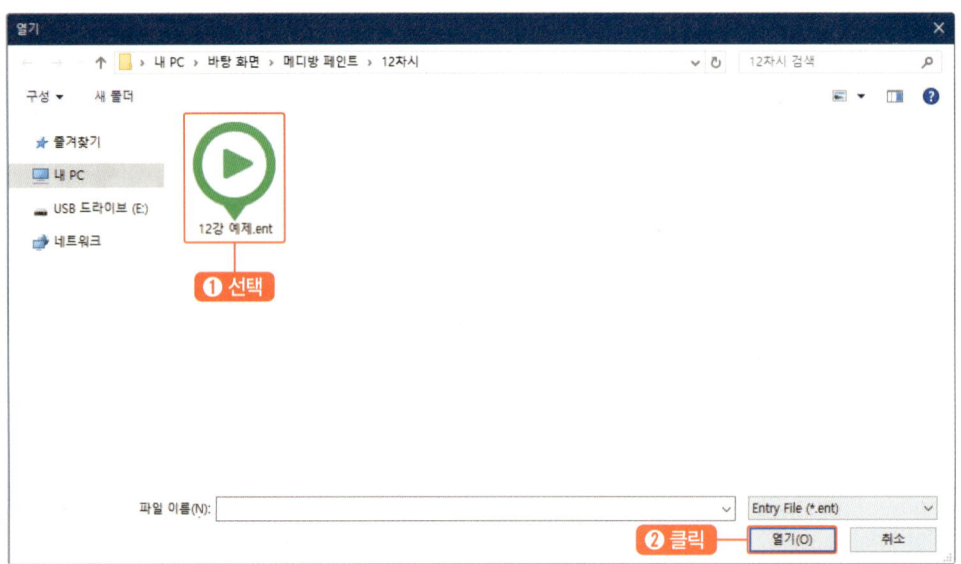

❸ [+오브젝트 추가하기]를 클릭하여 [오브젝트 추가하기] 창으로 이동합니다.

❹ [파일 올리기] 탭으로 이동하고 [파일 올리기]를 클릭한 후 [열기] 대화상자가 나타나면 완성한 '12강 배경 완성' 파일을 선택하고 [열기] 버튼을 클릭한 뒤 [추가하기] 버튼을 클릭합니다.

Chapter 12. 예쁜 어항 만들기 109

❺ '12강 배경 완성' 오브젝트 크기를 '375'로 입력하고 오브젝트 위치를 맨 아래로 이동합니다.

❻ [▶ 시작하기]를 클릭하여 게임을 플레이해 봅니다.

💡 '12강 물고기' 그림을 추가하고 모양을 변경해 봅니다.

❼ 게임이 완성되면 [저장하기(💾)]-[저장하기]를 클릭하여 게임을 저장합니다.

CHAPTER 12 재미 팡팡! 레벨 UP

▶ 예제 파일 : 12강 레벨업 예제.ent   ▶ 완성 파일 : 12강 레벨업 완성.ent

1. '12강 레벨업 예제' 파일을 불러와 게임을 확인한 후 필요한 배경을 그려 봅니다.

2. 배경을 완성하여 엔트리 프로그램에 완성한 배경을 추가하고 플레이해 봅니다.

CHAPTER 13 맛있는 아침 식사!

#스포이트 #브러시 추가 #트리밍

▶ 예제 파일 : 13강 예제.png   ▶ 완성 파일 : 13강 완성.png

오늘의 학습목표

- 음식 브러시를 만들 수 있습니다.
- 인터넷에서 필요한 음식 사진을 가져올 수 있습니다.
- 빈 접시에 다양한 음식을 추가할 수 있습니다.
- 트리밍 기능을 활용하여 불필요한 캔버스의 영역을 삭제할 수 있습니다.

핵심 POINT

- ▶ 선택 툴(▨) : 선택한 도형으로 영역을 지정할 수 있는 도구입니다.
- ▶ 브러시 추가(비트맵)(▨▾) : 새로운 브러시를 생성합니다.
- ▶ 레이어를 아래로 통합(▨) : 아래 레이어와 통합합니다.
- ▶ 트리밍 : 선택된 범위 외에 캔버스 영역을 삭제합니다.

드로잉 스케치!

미진이는 맛있는 음식을 먹는 걸 가장 좋아해요. 좋아하는 음식이 많은 미진이는 아침 식사 때 먹고 싶은 음식을 그리기로 결정했어요. "아침밥에는 무엇이 어울릴까? 소시지, 계란말이, 깍두기를 그려보자!"

★ 빈 접시에 먹고 싶은 음식을 그려 봅니다.

01 인터넷에서 음식 사진 가져오기

브러시에 사용할 사진을 인터넷에서 검색하여 저장해 봅니다.

① Microsoft Edge(), Chrome( ) 등 웹 브라우저를 실행하여 그리고 싶은 음식을 검색하고 [이미지] 버튼을 클릭합니다.

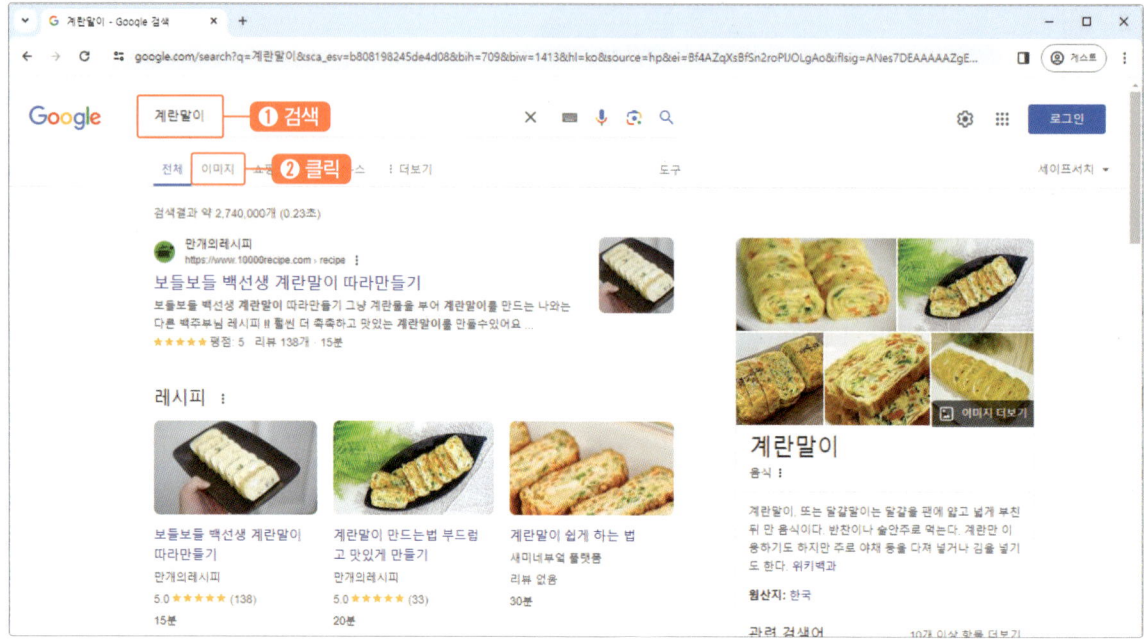

② 검색 결과를 확인하고 후 마음에 드는 음식 이미지를 선택합니다.

돋보기 팁 음식 사진 선택

음식 사진을 브러시로 만들 때 방향과 모습을 보고 그리기 쉬운 사진을 선택하는 것이 좋습니다.

❸ 음식 이미지를 마우스 오른쪽 버튼으로 클릭하고 [이미지를 다른 이름으로 저장]을 클릭하여 [다른 이름으로 저장] 대화상자가 나타나면 파일 이름을 '음식 이름'으로 입력한 후 파일 형식을 [JPEG]로 설정한 뒤 [저장] 버튼을 클릭합니다.

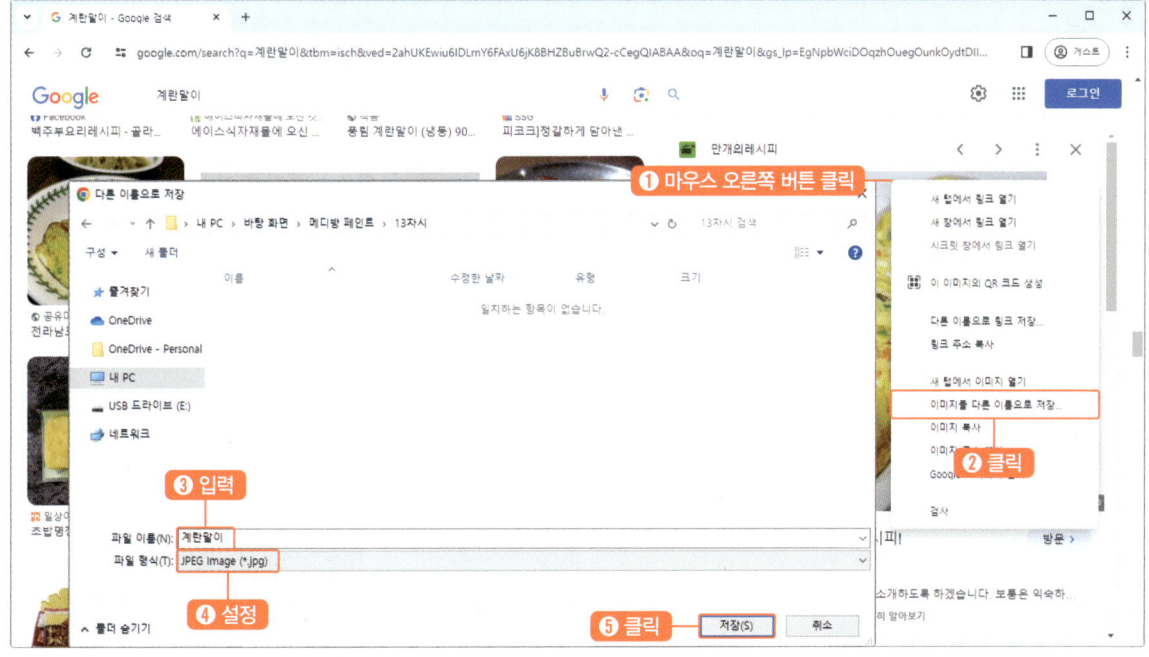

💡 다른 사람의 사진을 사용할 때는 출처를 꼭 남기도록 합니다. [사진 출처 : 만개의 레시피]

❹ 메디방 페인트(🎨) 프로그램을 더블 클릭하여 실행한 후 [로그인], [medibang 클라우드 서비스] 등의 대화상자가 나타나면 전부 [닫기(X)]를 클릭하여 닫습니다.

❺ [파일]-[열기]를 클릭하고 [이미지 열기] 대화상자가 나타나면 '음식 이름' 파일을 선택한 후 [열기] 버튼을 클릭합니다.

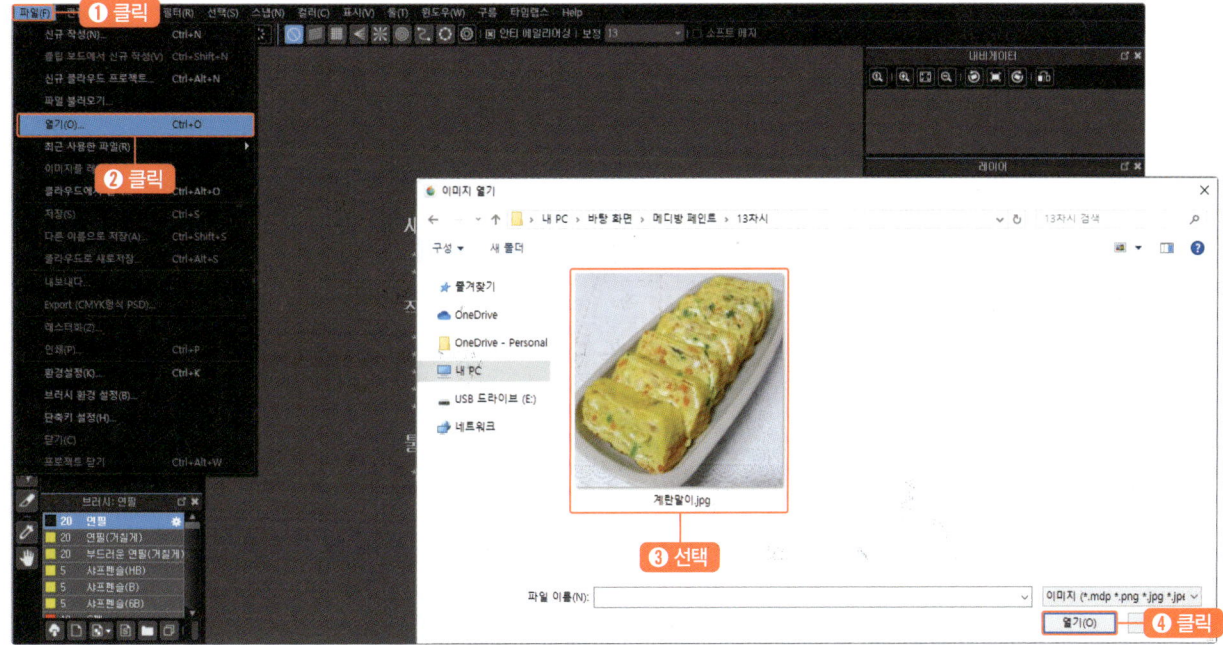

Chapter 13. 맛있는 아침 식사! **115**

02 음식 사진으로 브러시 만들기

인터넷에서 다운받은 음식 사진을 활용하여 브러시를 제작해 봅니다.

① 브러시로 사용하기 위해 [편집]-[이미지 해상도]를 클릭합니다.

② [이미지 해상도] 대화상자가 나타나면 폭과 높이의 값을 모두 '200'으로 설정하고 [확인] 버튼을 클릭합니다.

폭과 높이가 모두 '200'으로 입력되지 않는다면 '비율의 유지'를 해제하여 봅니다.

❸ 마우스 휠을 당겨 사진을 확대하고 [레이어] 창에서 레이어의 추가( )를 클릭한 후 레이어의 이름을 '선'으로 입력한 뒤 [확인] 버튼을 클릭합니다.

❹ '선' 레이어를 선택하고 도구메뉴에서 브러시 툴( )로 선택한 후 '음식 사진' 모양의 선을 그립니다.

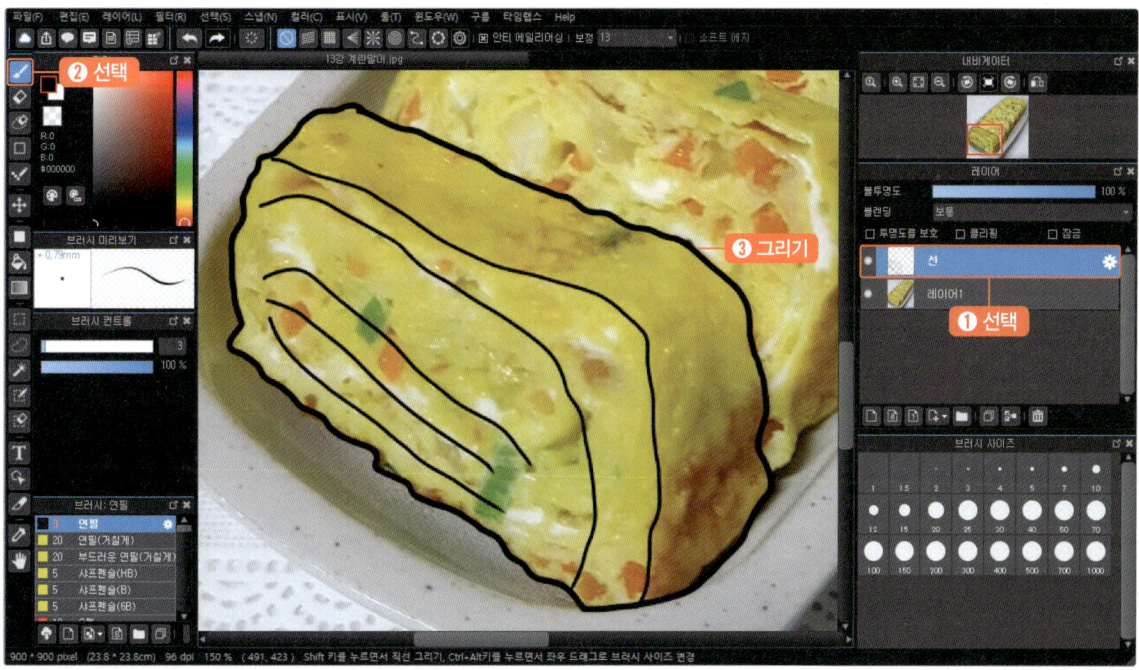

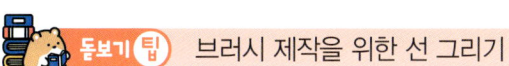
브러시 제작을 위한 선 그리기

'음식 사진'의 음식이 여러개인 경우 한 개만 그릴 수 있도록 합니다.

❺ '음식 사진'을 채색하기 위해 [레이어] 창에서 레이어의 추가(📄)를 클릭하고 레이어 이름을 '채색'으로 변경한 후 '선' 레이어 아래쪽으로 옮긴 뒤 사진의 색을 참고하여 '음식 사진'을 채색해 봅니다.

💡 사진에 있는 계란말이 색은 Alt 키를 누른 채 이미지를 클릭하여 가져올 수 있습니다.

❻ 브러시 색을 바꿔가며 '음식 사진'을 추가로 채색해 봅니다.

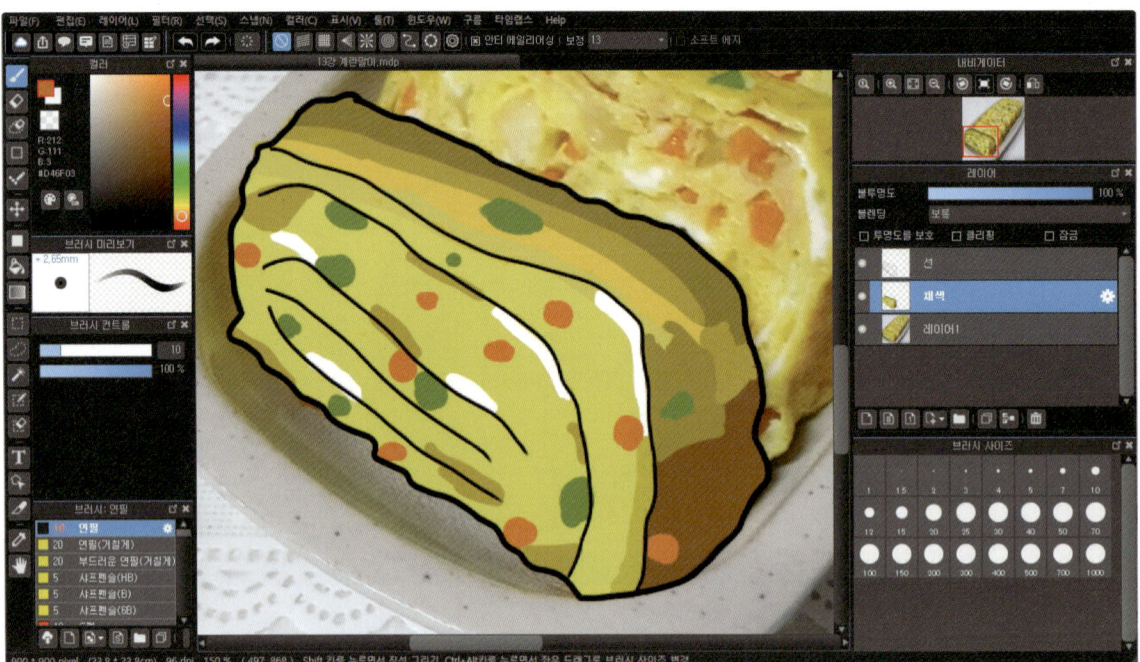

❼ '음식 사진'의 원본 레이어를 삭제하기 위해 [레이어] 창에서 '레이어1' 레이어를 선택하고 레이어의 삭제(🗑)를 클릭합니다.

❽ '선'과 '채색' 레이어를 하나로 합치기 위해 '선' 레이어를 선택하고 레이어를 아래로 통합(📑)을 클릭하거나 Ctrl + E 키를 누릅니다.

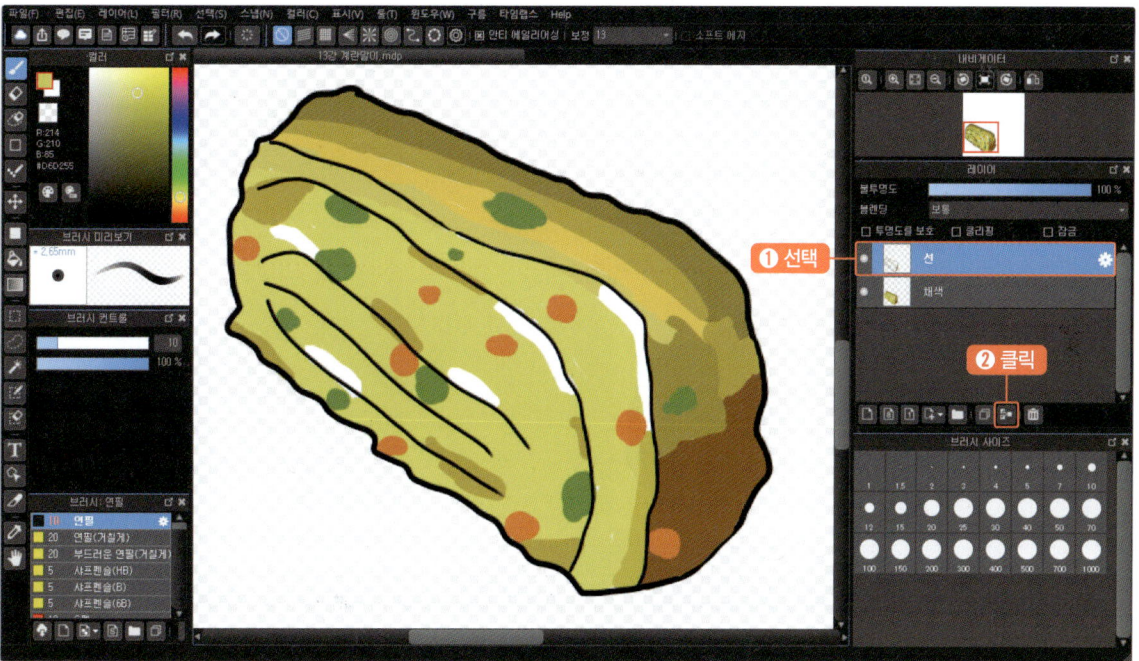

❾ 마우스 휠을 밀어 음식 사진을 축소하고 도구메뉴에서 선택 툴(▢)을 선택한 후 '음식 그림' 범위를 드래그합니다.

❿ 캔버스 크기를 '음식 그림' 크기로 조절하기 위해 [편집]-[트리밍]을 클릭합니다.

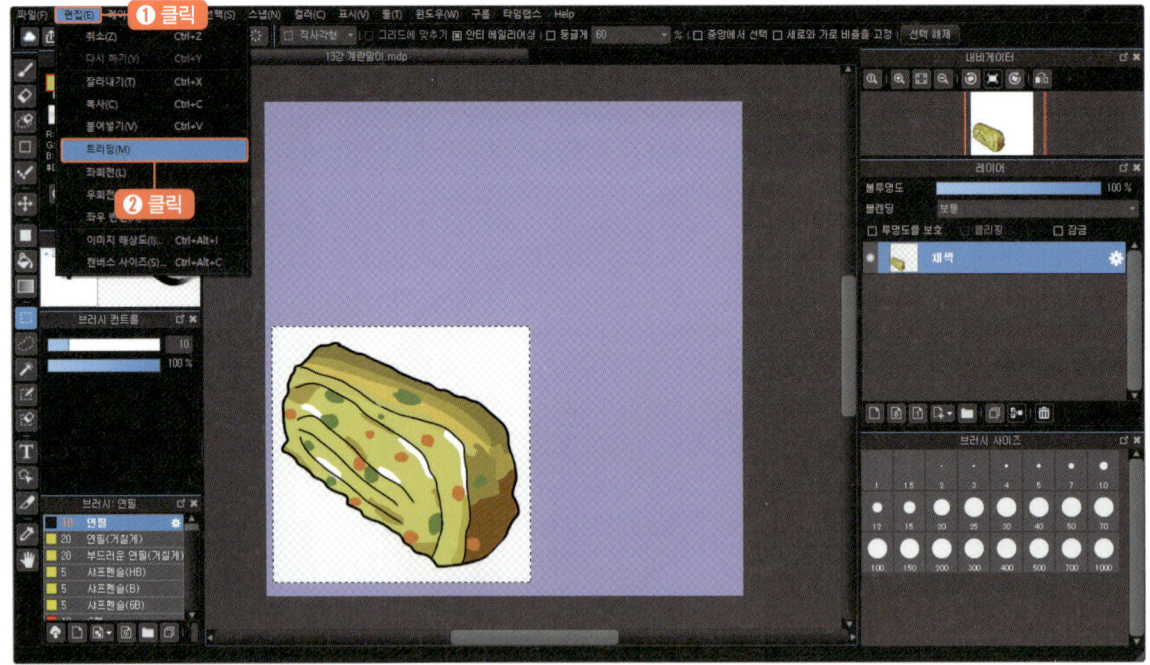

 트리밍

트리밍은 선택된 영역을 제외한 나머지 영역을 삭제하는 기능입니다.

⑪ '음식 그림'을 브러시로 만들기 위해 브러시 추가(비트맵)(🖼️)을 클릭하고 '캔버스에서 추가'를 클릭한 후 [브러시 편집] 대화상자가 나타나면 이름을 입력한 뒤 타입을 '비트맵'으로 선택합니다. 그리고 '필압 사이즈', '움직임에 따라 회전', '전경색 적용'의 체크를 해제한 후 [확인] 버튼을 클릭합니다.

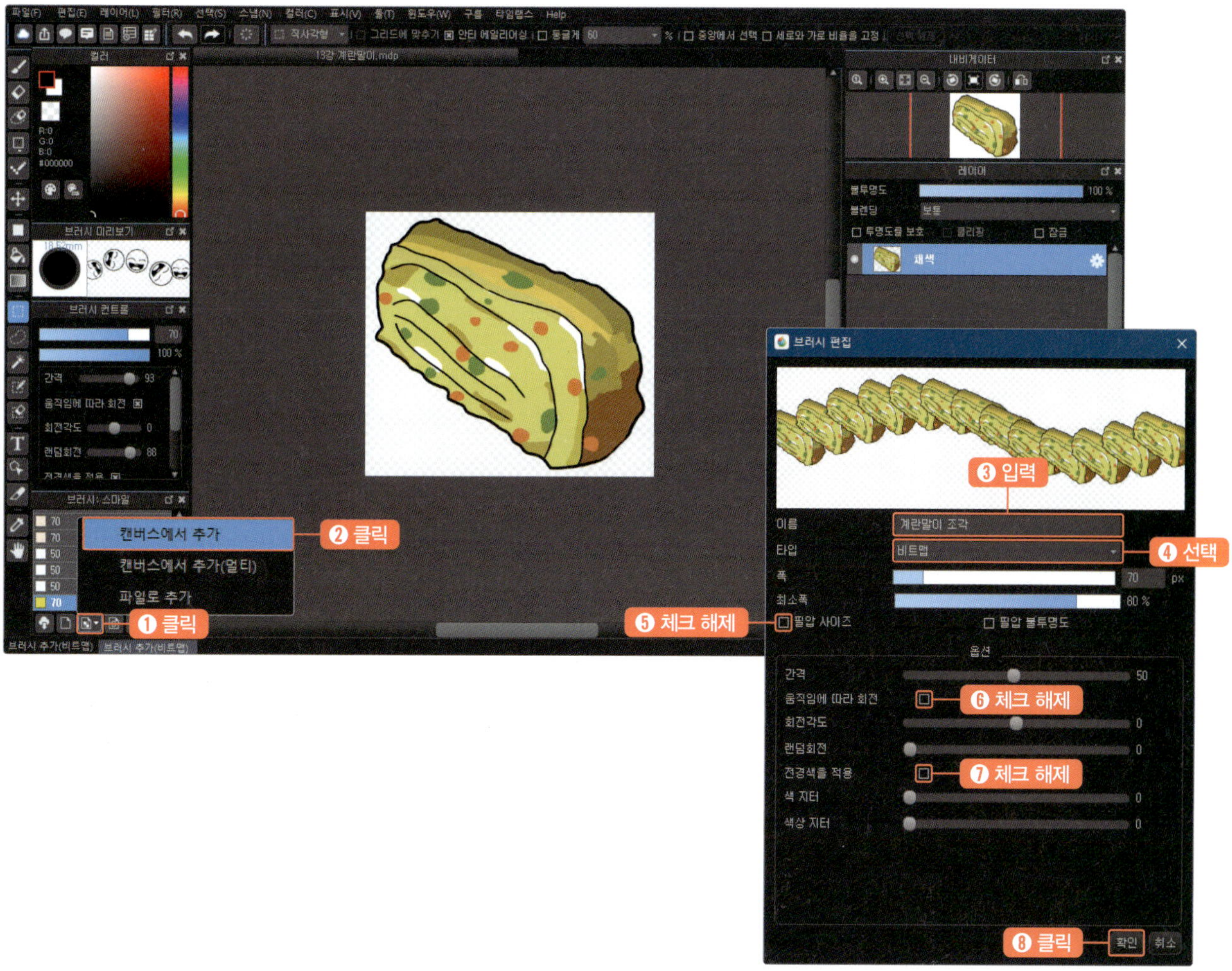

⑫ 앞서 배운 내용을 바탕으로 다양한 음식을 브러시로 제작합니다.

[밥]   [깍두기]   [분홍 소세지]

Chapter 13. 맛있는 아침 식사! **121**

03 빈 그릇을 음식으로 채우기

빈 그릇 파일을 가져와 만든 음식 브러시로 빈 그릇을 채워 봅니다.

❶ [파일]-[열기]를 클릭하고 [이미지 열기] 대화상자가 나타나면 '13강 빈 그릇' 파일을 불러옵니다.

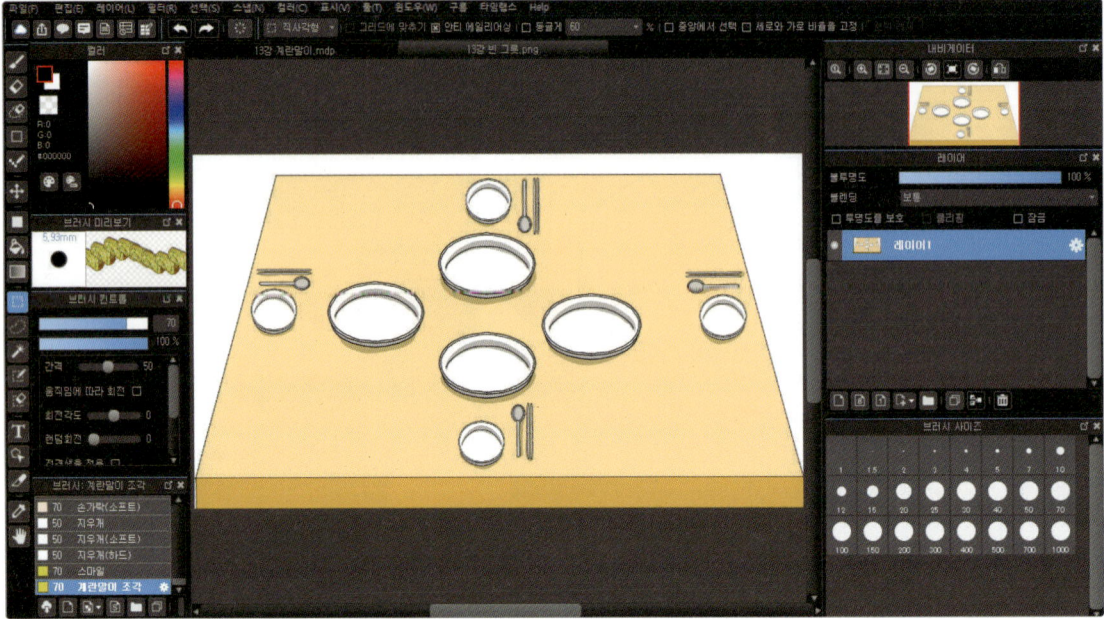

❷ [레이어] 창에서 레이어의 추가()를 클릭하고 레이어의 이름을 '음식'으로 변경한 후 제작한 브러시를 이용하여 빈 그릇에 음식을 채워 봅니다.

❸ 음식을 모두 채우고 [파일]-[다른 이름으로 저장]을 클릭한 후 [PNG] 파일로 저장합니다.

122 알록달록 디지털 드로잉 **메디방 페인트**

CHAPTER 13 재미 팡팡! 레벨 UP

▶ 예제 파일 : 13강 레벨업 예제1~2.png   ▶ 완성 파일 : 13강 레벨업 완성1~2.png

1 '13강 레벨업 예제1' 파일을 불러와 '머핀' 브러시를 완성해 봅니다.

2 '13강 레벨업 예제2' 파일을 불러와 빈 공간에 '머핀'을 추가해 봅니다.

CHAPTER 14 요리보고 조리보고!

#시선 처리 #브러시 #레이어 추가

▶ 예제 파일 : 14강 예제.png   ▶ 완성 파일 : 14강 완성.png

오늘의 학습목표

- 시선 처리 안내선을 그릴 수 있습니다.
- 안내선에 맞춰 얼굴 표정을 그릴 수 있습니다.
- 다양한 시선을 그리는 연습을 할 수 있습니다.

핵심 POINT

▶ 브러시 툴( ) : 그림을 그릴 때 사용하는 도구입니다.
▶ 레이어의 추가( ) : 새로운 레이어를 추가할 수 있습니다.
▶ 지우개 툴( ) : 캔버스에 그린 그림을 지울 수 있는 도구입니다.

드로잉 스케치!

오늘도 멋진 디자이너가 되기 위해 열심히 그림을 그리고 있는 도훈이! 다양한 얼굴 표정을 어떻게 그릴지 연습하고 있네요. "위를 볼 때 표정은 이렇고, 아래를 볼 때 표정은 이렇고... 멋지게 한번 그려볼까?"

★ 안내선을 참고하여 다양한 표정을 그려 봅니다.

01 시선에 따른 얼굴 모양 파악하기

표정이 없는 얼굴 그림을 가져와 시선 처리 방법에 대해 알아 봅니다.

❶ 메디방 페인트( ) 프로그램을 더블 클릭하여 실행한 후 [로그인], [medibang 클라우드 서비스] 등의 대화상자가 나타나면 전부 [닫기(X)]를 클릭하여 닫습니다.

❷ [파일]-[열기]를 클릭하고 [이미지 열기] 대화상자가 나타나면 '14강 예제' 파일을 선택한 후 [열기] 버튼을 클릭합니다.

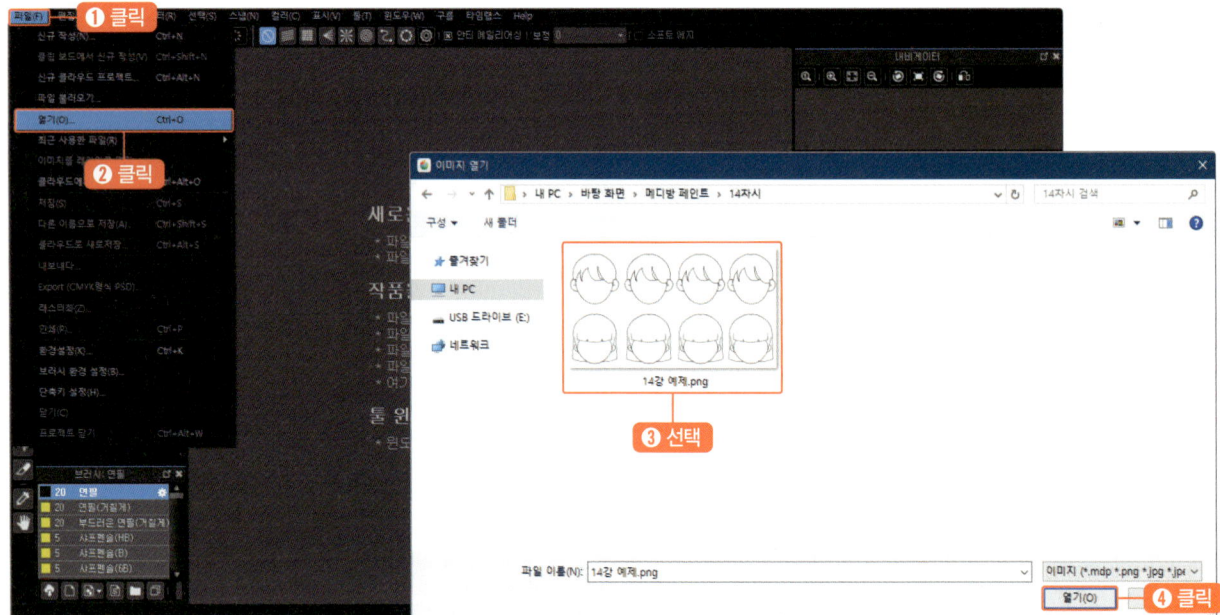

❸ 아래 그림을 통해 시선에 따라 얼굴 모양이 어떻게 변하는지 알아 봅니다.

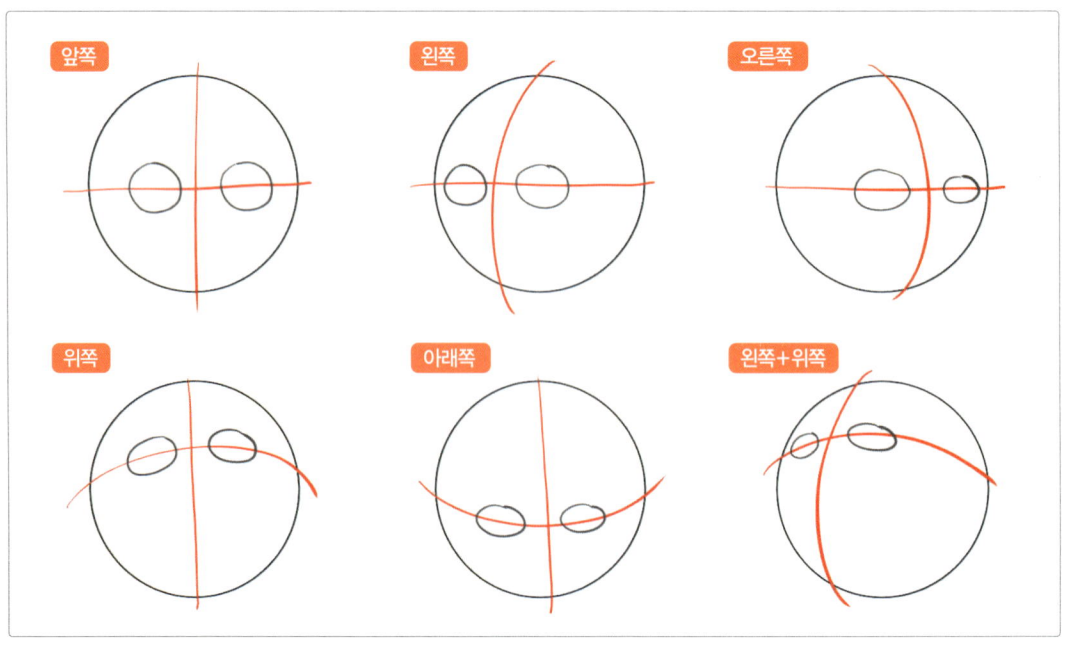

02 안내선을 그리고 표정 그리기

얼굴 그림에 안내선을 그리고 표정을 그려 봅니다.

① [레이어] 창에서 레이어의 추가(□)를 클릭하고 '레이어2' 레이어의 설정(✱)을 클릭한 후 레이어 이름을 '안내선'으로 입력한 뒤 [확인] 버튼을 클릭합니다.

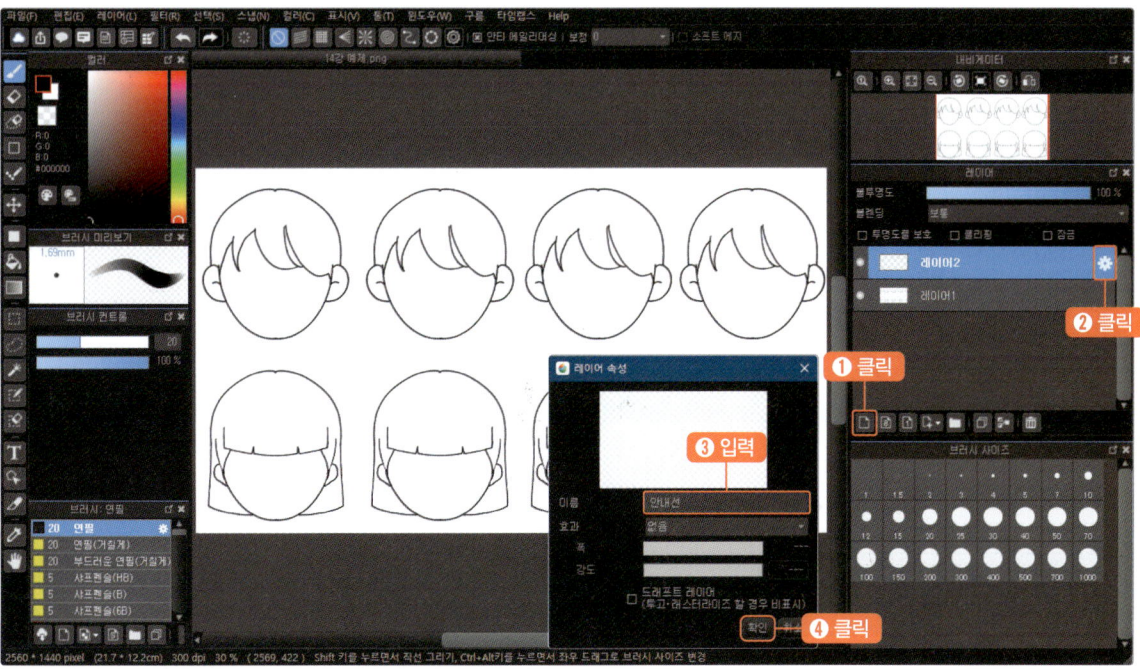

② 도구메뉴에서 브러시 툴(🖌)을 선택하고 브러시 색을 빨강색으로 변경한 후 정면 안내선을 그립니다.

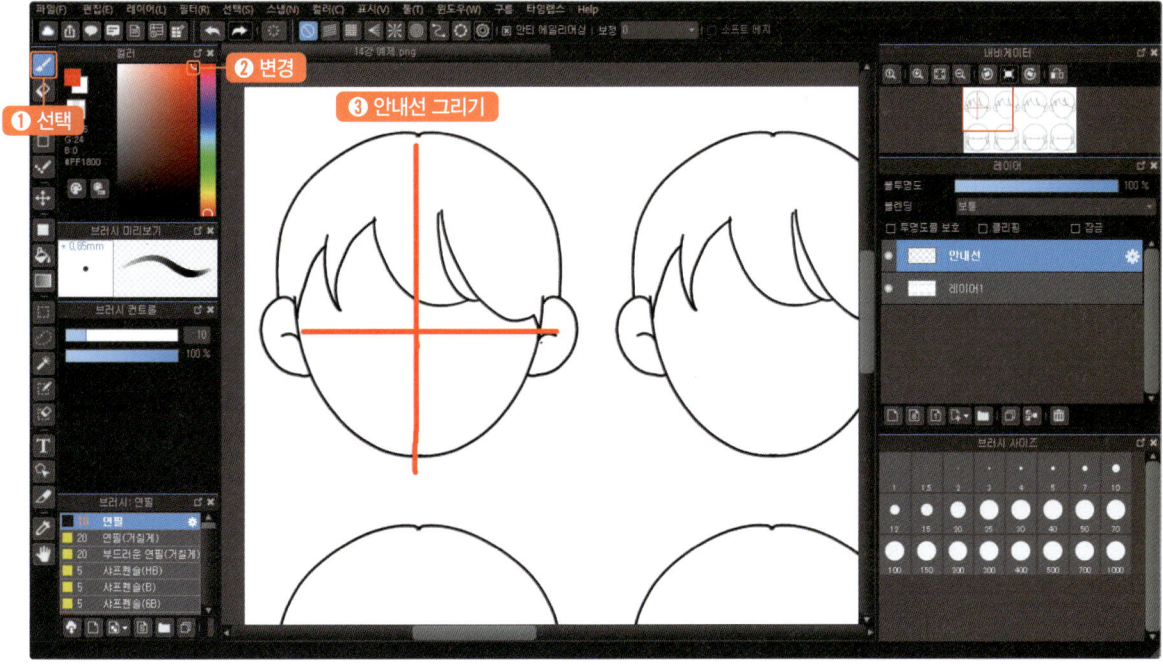

Chapter 14. 요리보고 조리보고! **127**

❸ [레이어] 창에서 레이어의 추가(📄)를 클릭하고 '레이어3' 레이어의 설정(⚙)을 클릭한 후 레이어 이름을 '얼굴'로 변경한 뒤 [확인] 버튼을 클릭한 다음 '안내선' 레이어의 아래쪽으로 옮깁니다.

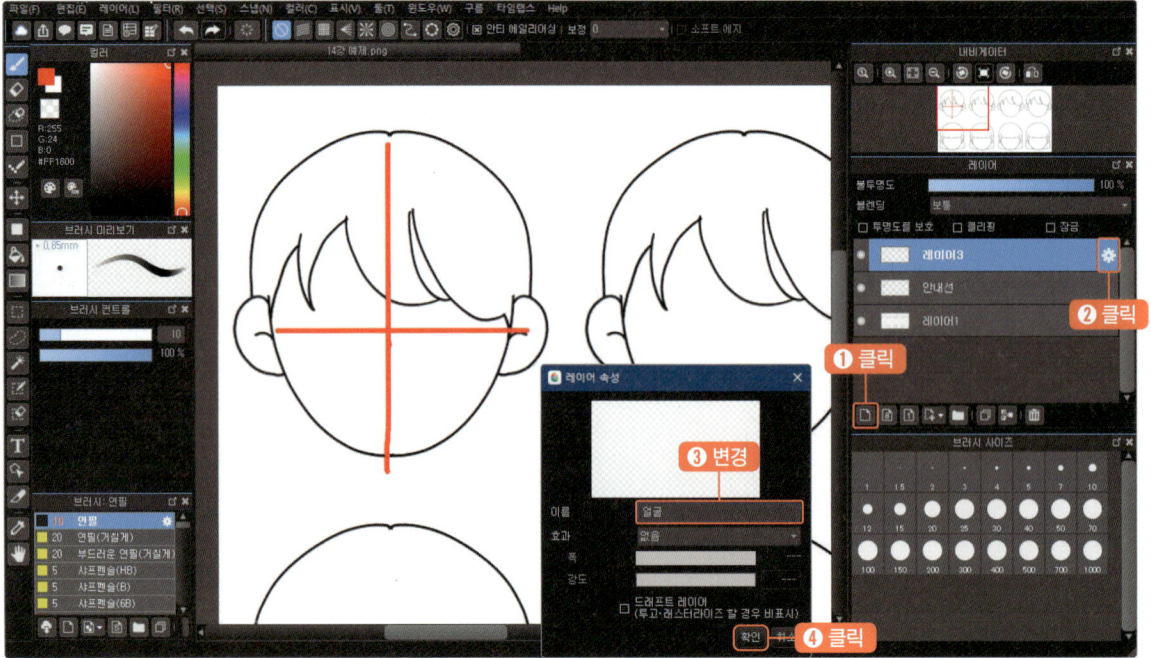

❹ 브러시의 색을 검정색으로 변경하고 안내선에 맞춰 얼굴 표정을 그립니다.

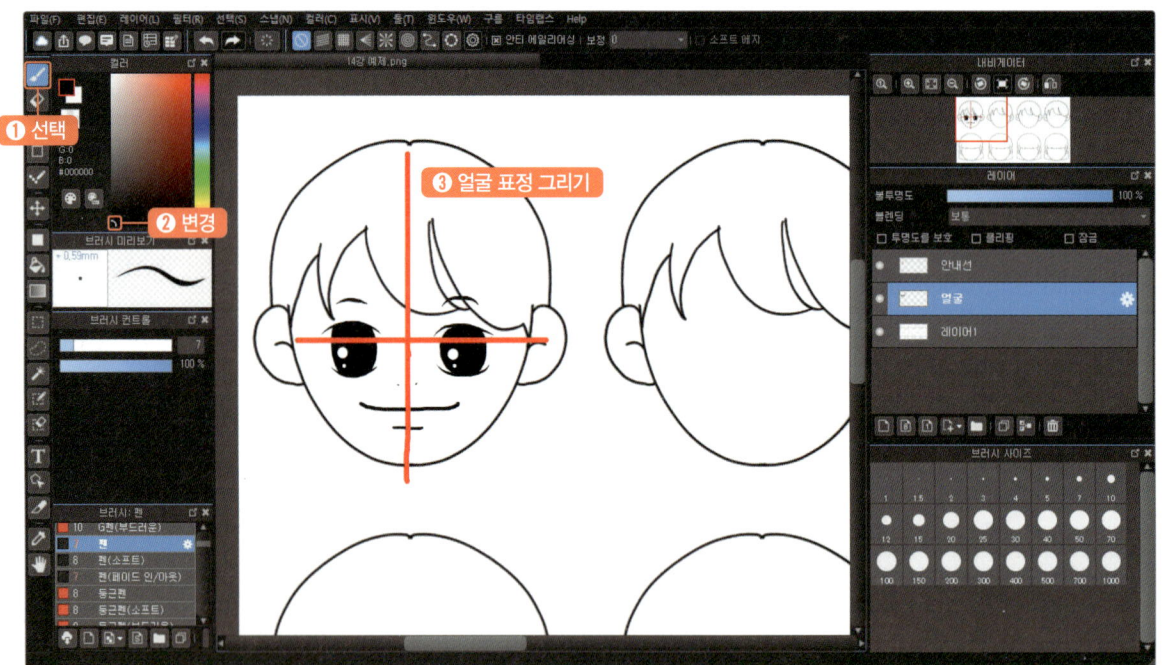

❺ ❶~❹과 같은 방법으로 다른 얼굴에도 안내선을 그린 후 다양한 표정을 모두 그린 뒤 [PNG] 파일로 저장합니다.

돋보기 팁 인터넷 검색 활용

인터넷에서 다양한 표정을 검색하여 참고할 수 있습니다.

💡 표정이 완성되면 안내선을 삭제하고 자유롭게 꾸며 봅니다.

CHAPTER 14 재미 팡팡! 레벨 UP

▶ 예제 파일 : 14강 레벨업 예제.png   ▶ 완성 파일 : 14강 레벨업 완성.png

1 '14강 레벨업 예제' 파일을 불러오고 그림에 맞는 시선 처리 안내선을 그려 봅니다.

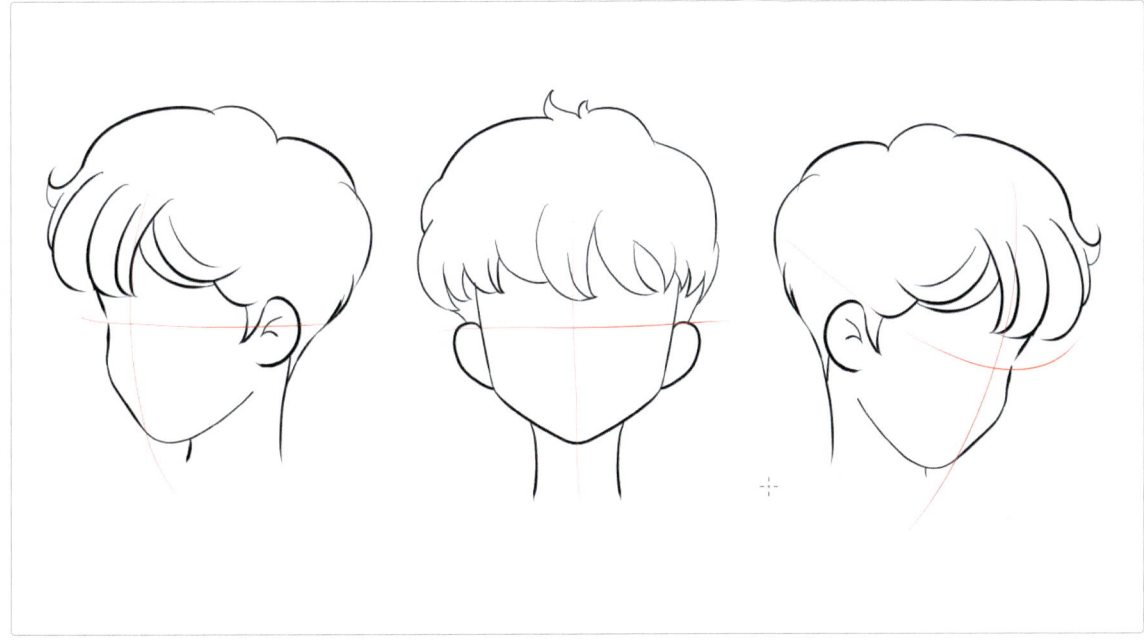

2 안내선을 참고하여 캐릭터에 얼굴을 그려 넣고 꾸며 봅니다.

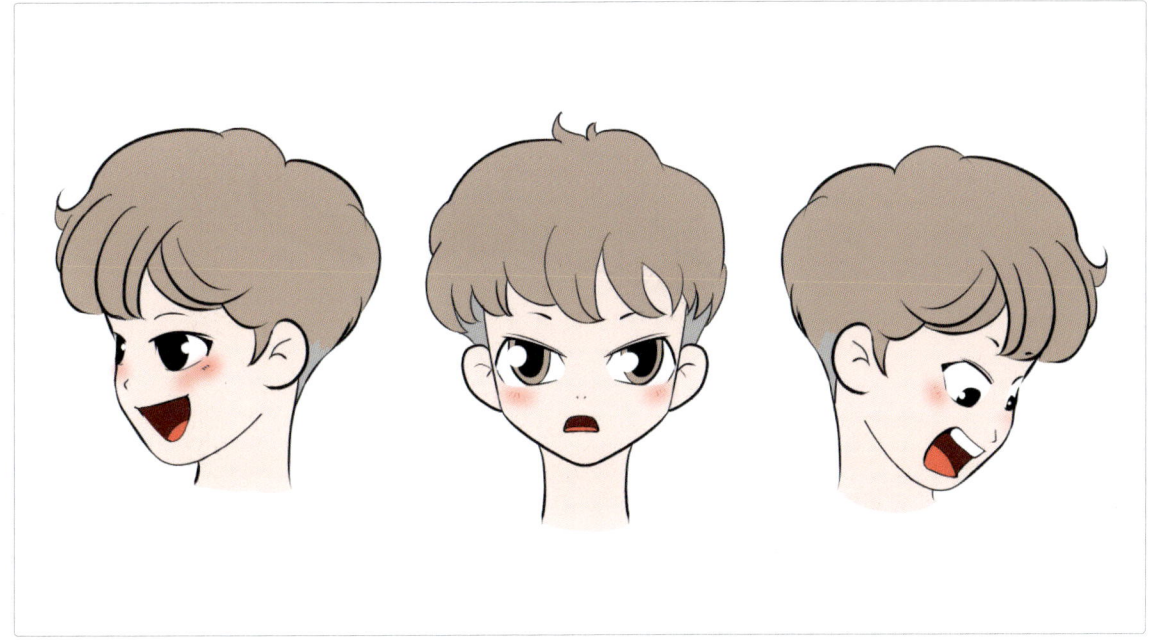

CHAPTER 15 동물 캐릭터 그리기

#올가미 도구 #잘라내기 #채색

▶ 예제 파일 : 15강 예제.jpg   ▶ 완성 파일 : 15강 완성.png

오늘의 학습목표

- 올가미 도구를 활용하여 사진을 분리하고 변형할 수 있습니다.
- 사진에서 캐릭터로 그리고 싶은 부분을 선으로 그릴 수 있습니다.
- 채색하여 나만의 동물 캐릭터를 완성할 수 있습니다.

핵심 POINT

▶ 브러시 툴( ) : 그림을 그릴 때 사용하는 도구입니다.
▶ 레이어의 추가( ) : 새로운 레이어를 추가할 수 있습니다.
▶ 올가미 도구( ) : 영역을 자유롭게 지정할 수 있는 도구입니다.
▶ 버킷 툴( ) : 선으로 둘러싸인 곳의 색을 한번에 채울 수 있는 도구입니다.

드로잉 스케치!

 키우고 있는 고양이의 캐릭터를 그리고 싶은 나리는 메디방 페인트로 어떻게 그릴지 고민했어요. "일단 캐릭터처럼 보이고 싶은 부분을 분리해볼까? 얼굴은 크게하고 눈도 크게 해보자! 그리고 채색만 하면 완성이야!"

★ 아래 그림을 참고하여 나만의 스타일로 고양이 캐릭터를 그려 봅니다.

💡 사진과 똑같은 포즈를 취하고 있는 고양이 캐릭터를 그려 봅시다.

01 사진 변형하기

사진을 가져와 원하는 모습으로 변형해 봅니다.

① 메디방 페인트( ) 프로그램을 더블 클릭하여 실행한 후 [로그인], [medibang 클라우드 서비스] 등의 대화상자가 나타나면 전부 [닫기(X)]를 클릭하여 닫습니다.

② [파일]-[열기]를 클릭하고 [이미지 열기] 대화상자가 나타나면 '15강 예제' 파일을 선택한 후 [열기] 버튼을 클릭합니다.

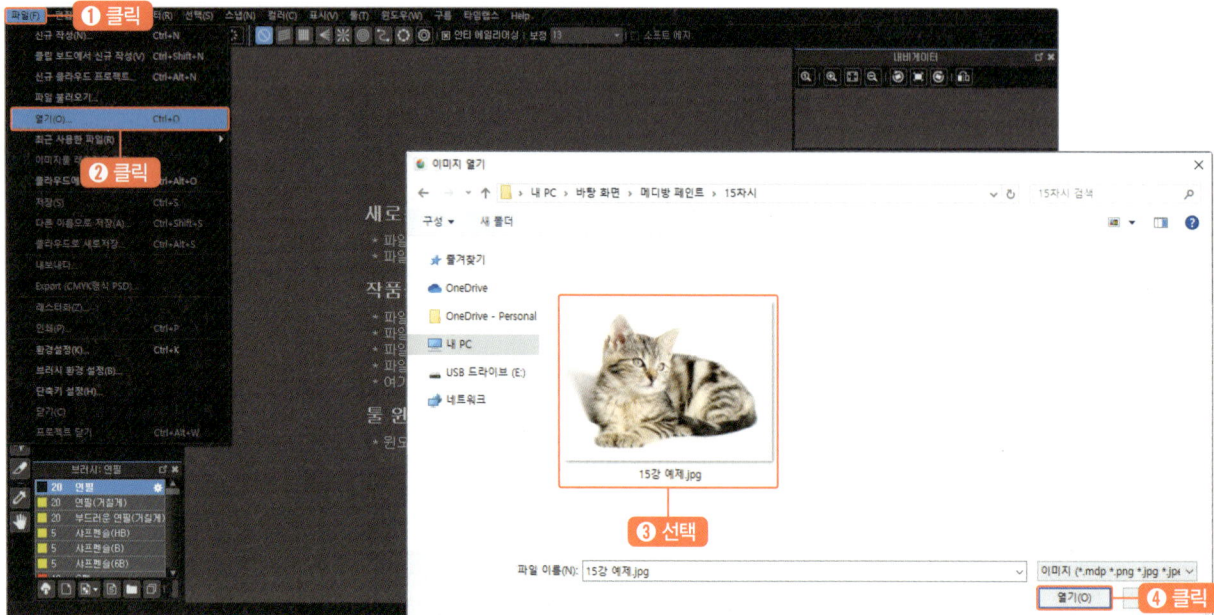

③ 도구메뉴에서 올가미 도구( )를 선택하고 고양이의 얼굴을 제외한 나머지 부분을 드래그합니다.

돋보기 팁 올가미 도구

올가미 도구( )는 그림을 그리듯 드래그하고 처음과 끝을 만나게 하여 영역을 선택합니다.

④ 선택된 고양의 몸을 작게 변형하기 위해 키보드에서 Ctrl + X 를 눌러서 선택된 부분을 잘라내고 Ctrl + V 를 눌러서 다시 붙여넣어 고양이의 얼굴과 몸을 각각의 레이어로 나눕니다.

⑤ '레이어1' 레이어의 이름을 '얼굴', '레이어2' 레이어의 이름을 '몸'으로 변경하고 '몸' 레이어를 '얼굴' 레이어의 아래로 변경합니다.

 레이어 순서

'몸' 레이어가 '얼굴' 레이어보다 위쪽에 있을 경우 몸 사진이 얼굴을 가리게 됩니다.

Chapter 15. 동물 캐릭터 그리기 **133**

❻ 키보드에서 Ctrl + T 키를 눌러 고양이의 몸을 작게 줄이고 위치를 조절한 후 [확인] 버튼을 클릭합니다.

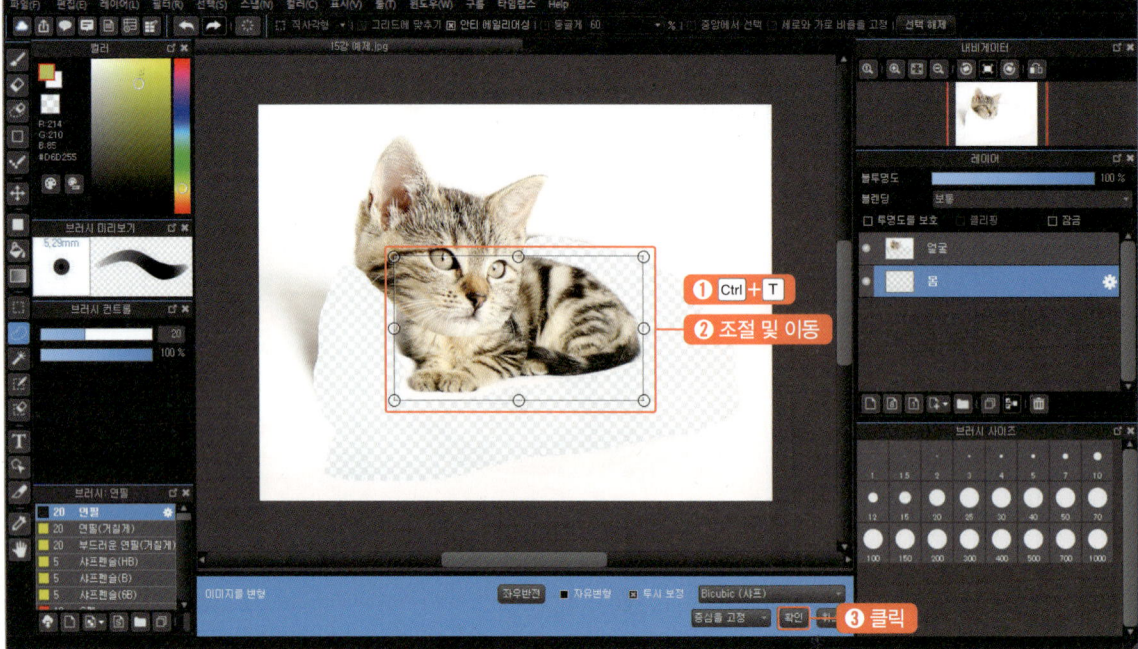

❼ ❸~❻과 같은 방법으로 강조하고 싶은 부분을 잘라내어 크기를 변경합니다.

돋보기 팁 잘라내기

선택한 영역이 잘라지지 않는다면 원본의 레이어를 선택한 후 다시 해봅니다.

02 캐릭터처럼 그리기

변형한 사진에 브러시로 선을 그리고 채색하여 캐릭터처럼 그려 봅니다.

❶ 선을 그리기 위해 [레이어] 창에서 레이어의 추가( )를 클릭하고 레이어의 이름을 '선'으로 입력한 후 '선' 레이어 순서를 맨 위로 이동합니다.

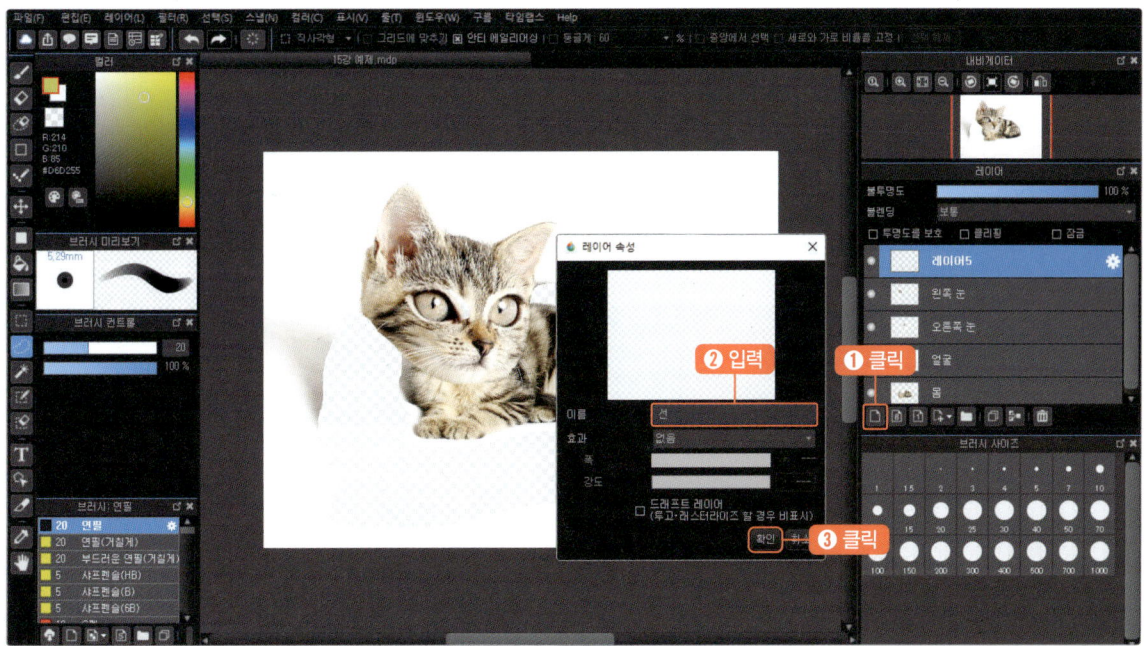

❷ 도구메뉴에서 브러시 툴( )을 선택하고 고양이의 모습을 선으로 그려 봅니다.

반드시 똑같이 그릴 필요가 없기 때문에 그리고 싶은 대로 선을 그려 봅니다.

❸ 선이 완성되면 '선' 레이어를 제외한 다른 레이어는 [레이어] 창에서 레이어의 삭제(🗑)를 클릭하여 삭제합니다.

❹ [레이어] 창에서 레이어의 추가(📄)를 클릭하고 레이어 이름을 '채색'으로 변경한 후 도구메뉴에서 버킷 툴(🪣)을 활용하여 캐릭터를 자유롭게 채색해 봅니다.

❺ 캐릭터가 완성되면 [파일]-[다른 이름으로 저장]을 클릭한 후 [PNG] 파일로 저장합니다.

CHAPTER 15 재미 팡팡! 레벨 UP

▶ 예제 파일 : 15강 레벨업 예제.jpg   ▶ 완성 파일 : 15강 레벨업 완성.png

1. '15강 레벨업 예제' 파일을 불러오고 모습을 변형해 봅니다.

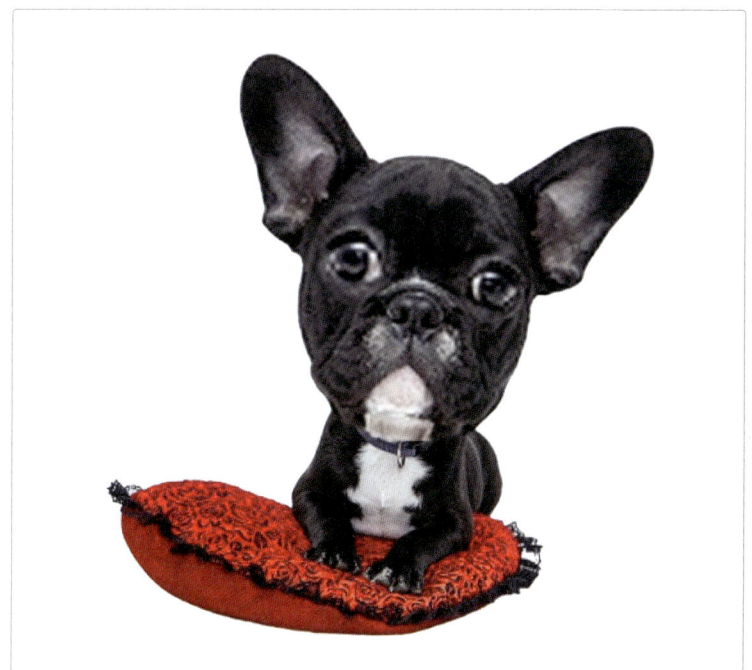

2. 변형한 사진의 테두리를 따라 선을 그리고 채색해 봅니다.

CHAPTER 16
두둥! 주인공 등장!

#스냅 #집중선 #유선

▶ 예제 파일 : 16강 예제1~2.png   ▶ 완성 파일 : 16강 완성1~2.png

오늘의 학습목표

- 스냅 종류가 무엇이 있는지 확인할 수 있습니다.
- 스냅을 이용하여 집중선을 나타낼 수 있습니다.
- 필터를 이용하여 집중선을 나타낼 수 있습니다.
- 브러시를 이용하여 집중선을 그릴 수 있습니다.

핵심 POINT

▶ 레이어의 추가(🗋) : 새로운 레이어를 추가할 수 있습니다.
▶ 지우개 툴(◈) : 캔버스에 그린 그림을 지울 수 있는 도구입니다.
▶ 스냅 : 선을 그릴 때 사용할 수 있는 안내선입니다.
▶ 유선 : 집중선의 속성을 조절할 수 있는 기능입니다.

드로잉 스케치!

한솔이는 심심해 보이는 사진에 주목받는 효과를 넣고 싶었어요. "선생님이 어떻게 하라고 하셨지? 아! 맞다! 저번에 배운 집중선 효과를 넣어볼까? 분명 확실하게 주목받을 수 있을거야!"

★ 제목과 어울리는 선을 그려 사진을 꾸며 봅니다.

갑자기 나타난 호랑이

빠르게 달려가는 육상 선수

Chapter 16. 두둥! 주인공 등장! **139**

01 집중선 알아보기

다양한 모양의 집중선을 찾아 모양을 확인해 봅니다.

① Microsoft Edge( ), Chrome( ) 등 웹 브라우저를 실행하여 '집중선'을 검색하고 [이미지] 버튼을 클릭합니다.

② 집중선의 모양과 방향을 확인해 봅니다.

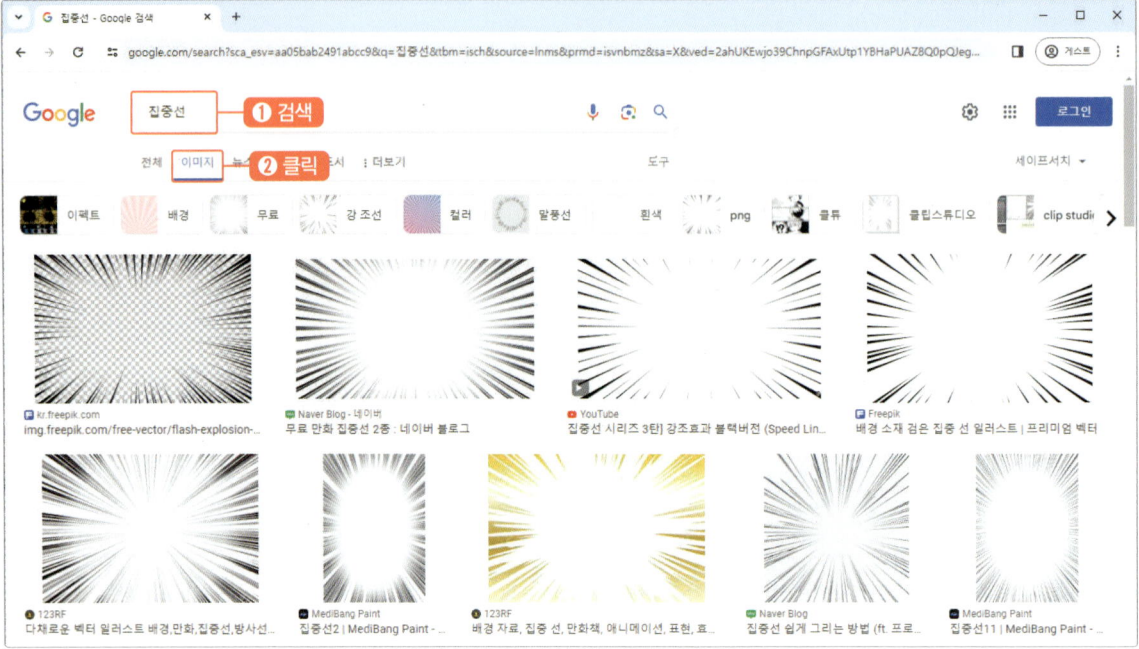

③ '집중선 사용 예시'도 검색하여 집중선이 언제 사용되는지 확인해 봅니다.

02 스냅 종류 알아보기

선을 그릴 때 사용하는 스냅의 종류를 알아 봅니다.

① 메디방 페인트() 프로그램을 더블 클릭하여 실행한 후 [로그인], [medibang 클라우드 서비스] 등의 대화상자가 나타나면 전부 [닫기(X)]를 클릭하여 닫습니다.

② [파일]-[신규 작성]을 클릭하고 [이미지의 신규 작성] 대화상자가 나타나면 [용지 사이즈]를 'A4'로 선택한 후 [확인] 버튼을 클릭합니다.

③ 도구메뉴에서 브러시 툴( )을 선택하고 스냅 모양을 하나씩 선택하여 나타나는 빨간색 선 모양을 확인합니다.

Chapter 16. 두둥! 주인공 등장! **141**

 **스냅 종류**

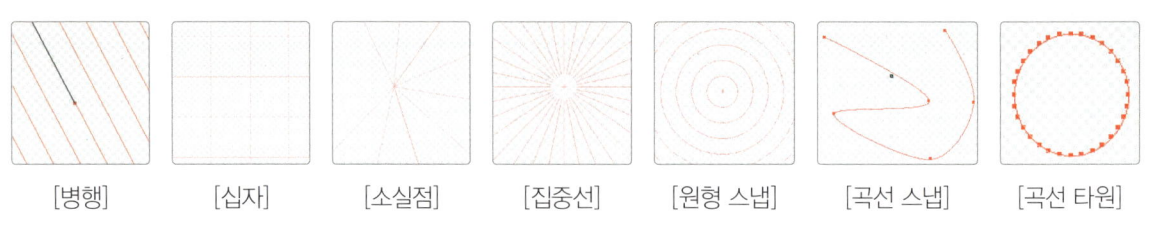

[병행] [십자] [소실점] [집중선] [원형 스냅] [곡선 스냅] [곡선 타원]

- 스냅 Off(◎) : 스냅을 끕니다.
- 병행 스냅(▤) : 일정한 방향으로 선을 그릴 수 있습니다.
- 십자 스냅(▦) : 가로/세로 선을 그릴 수 있습니다.
- 소실점 스냅(◀) : 지정한 2개의 선을 중심으로 방사형 선이 나타납니다. 길거리나 건물의 원근감을 표현할 때 사용할 수 있습니다.
- 집중선 스냅(✻) : 기준점으로 선이 모여 한 곳을 집중시킬 때 사용할 수 있습니다.
- 원 스냅(◉) : 기준점을 중심으로 원을 그릴 수 있습니다.
- 커브 스냅(↻) : 원하는 모양의 곡선을 만들어 선을 그릴 수 있습니다.
- 곡선(타원)(◉) : 타원을 그릴 수 있습니다.
- 스냅 설정(⚙) : 스냅의 위치를 변경하거나 다시 설정할 수 있습니다.

④ 마음에 드는 스냅을 선택하고 브러시 툴(✏)로 선을 자유롭게 그려본 후 스냅 Off(◎)를 클릭하여 스냅을 종료합니다.

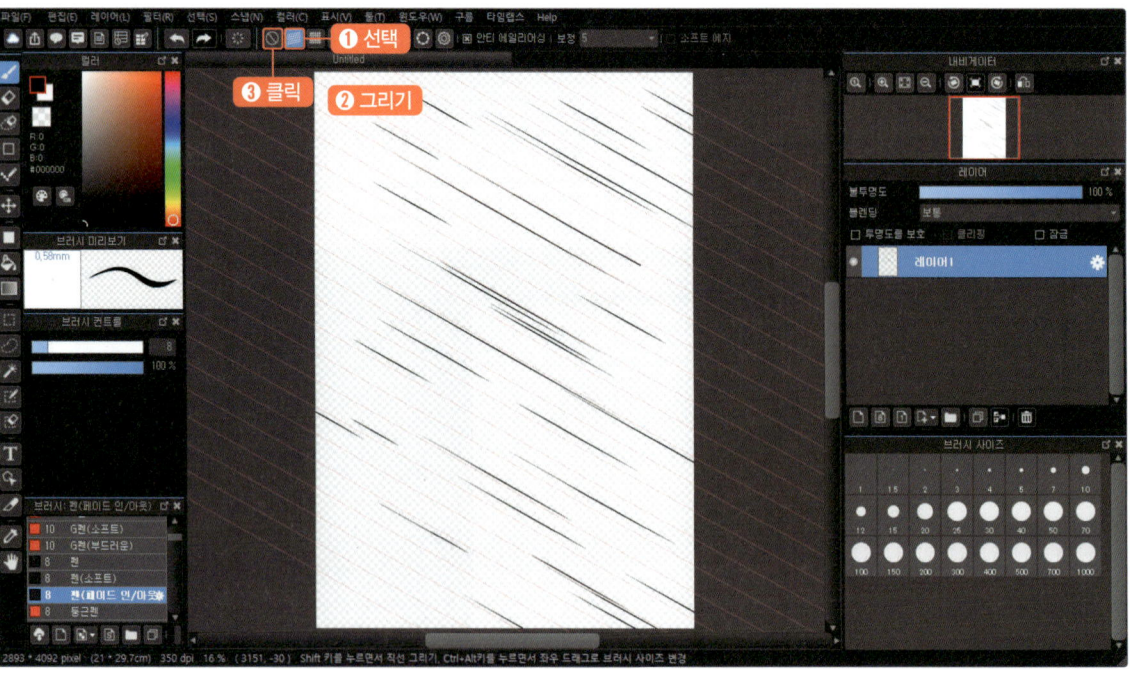

03 스냅으로 집중선 그리기

스냅을 이용하여 사진에 필요한 집중선을 그리고 사진을 꾸며 봅니다.

① [파일]-[열기]를 클릭하고 [이미지 열기] 대화상자가 나타나면 '16강 예제1' 파일을 불러온 후 [레이어] 창에서 레이어의 추가(📄)를 클릭한 뒤 '레이어2' 레이어의 레이어 이름을 '집중선'으로 입력합니다.

② 호랑이가 갑자기 등장한 모습을 표현하기 위해 스냅에서 집중선 스냅(✳)을 선택하고 집중선의 중심을 호랑이 얼굴로 이동한 후 클릭합니다.

돋보기팁 스냅 설정

집중선 스냅(✳)을 클릭해도 선이 나타나지 않는다면 스냅 설정(⚙)을 클릭해 봅니다.

Chapter 16. 두둥! 주인공 등장! **143**

❸ [브러시] 창에서 펜(페이드 인/아웃)을 선택하고 호랑이를 중심으로 길고 굵은 선을 그려 봅니다.

❹ 브러시 사이즈를 변경해가며 집중선을 그리고 스냅에서 스냅 Off(⊘)를 클릭하여 완성한 후 [PNG] 파일로 저장해 봅니다.

04 필터로 집중선 그리기

필터 효과를 이용하여 집중선을 쉽게 그려 봅니다.

① [파일]-[열기]를 클릭하고 [이미지 열기] 대화상자가 나타나면 '16강 예제2' 파일을 불러온 후 [레이어] 창에서 레이어의 추가()를 클릭한 뒤 레이어 이름을 '효과선'으로 입력하고 [확인] 버튼을 클릭합니다.

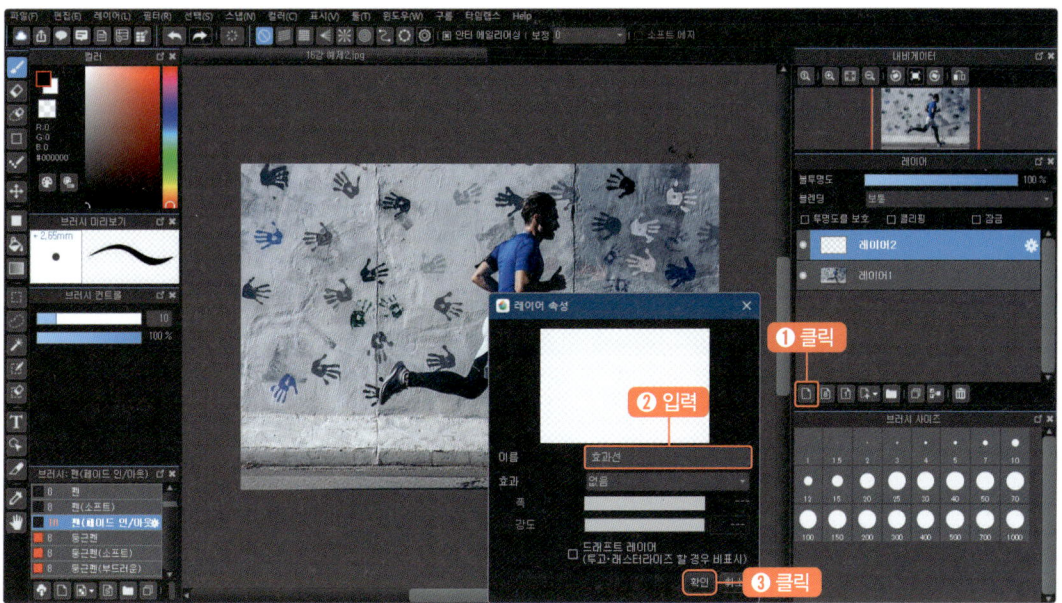

② 빠르게 달리는 모습을 표현하기 위해 [필터]-[선(병렬)]을 클릭하고 [유선] 대화상자가 나타나면 '길이', '길이(랜덤)', '선의 폭', '밀도', '밀도(랜덤)'을 원하는 대로 조절한 후 [확인] 버튼을 클릭합니다.

돋보기 팁 유선 속성 설명

- 길이 : 선의 길이
- 선의 폭 : 선의 굵기
- 밀도(랜덤) : 선의 개수가 랜덤으로 설정
- 길이(랜덤) : 선의 길이를 자유롭게 설정하는 정도
- 밀도 : 선의 개수
- 각도 : 선의 방향

Chapter 16. 두둥! 주인공 등장! **145**

❸ 도구메뉴에서 지우개 툴( )을 선택하고 [브러시 컨트롤]에서 지우개의 불투명도 효과를 조절한 후 사람보다 앞으로 나와 있는 효과선을 지웁니다.

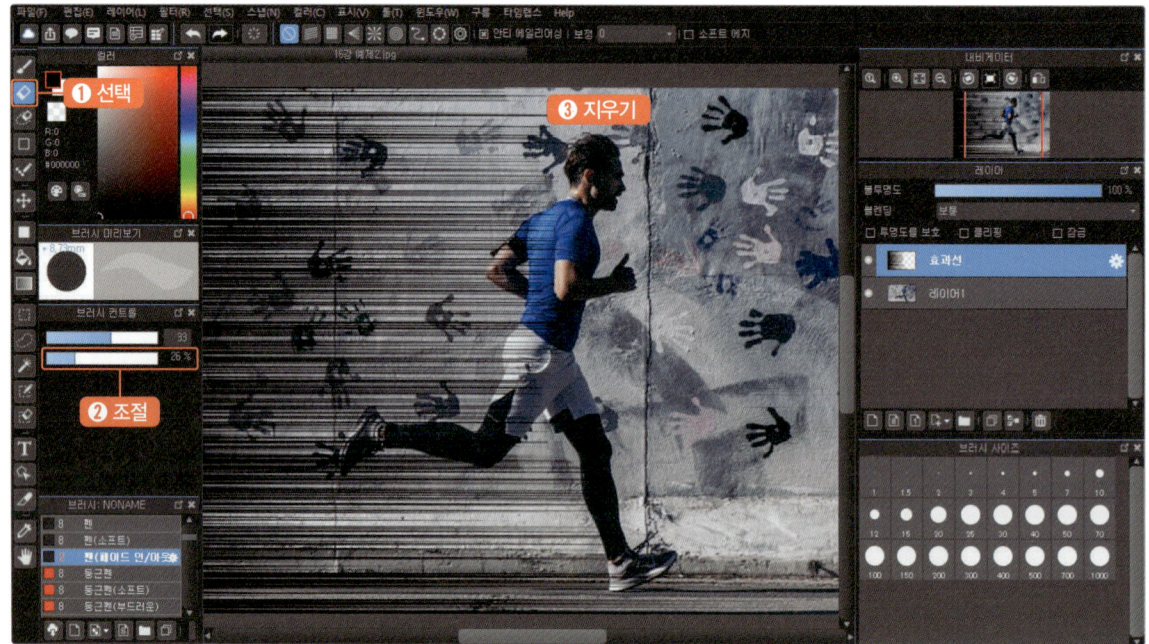

> **돋보기 팁** 지우개 불투명도
>
> 효과선을 지울 때 선의 끝이 흐리게 남아야 달리는 모습이 더 자연스럽기 때문에 지우개의 불투명도를 조절하여 사용합니다.

❹ 효과선이 사진과 어울리도록 [레이어] 창에서 '효과선' 레이어의 불투명도를 조절하고 [PNG] 파일로 저장해 봅니다.

CHAPTER 16 재미 팡팡! 레벨 UP

▶ 예제 파일 : 16강 레벨업 예제1~2.png ▶ 완성 파일 : 16강 레벨업 완성1~2.png

1 '16강 레벨업 예제1' 파일을 불러와 스냅을 이용하여 어울리는 집중선을 그려 봅니다.

2 '16강 레벨업 예제2' 파일을 불러와 필터를 이용하여 집중선을 그려 봅니다.

CHAPTER 17 이젠 나도 스토리텔러!

#선택 툴 #텍스트 툴 #색 채우기

▶ 예제 파일 : 17강 예제.png   ▶ 완성 파일 : 17강 완성.png

오늘의 학습목표

- 선택 툴을 활용하여 말풍선을 그릴 수 있습니다.
- 말풍선에 텍스트를 추가할 수 있습니다.
- 말풍선에 테두리를 입히고 색을 채울 수 있습니다.
- 4컷 만화를 보고 어울리는 대사를 추가할 수 있습니다.

핵심 POINT

- ▶ 선택 툴( ) : 선택한 도형으로 영역을 지정할 수 있는 도구입니다.
- ▶ 버킷 툴( ) : 선으로 둘러싸인 곳의 색을 한번에 채울 수 있는 도구입니다.
- ▶ 텍스트 툴(T) : 글자를 입력할 수 있는 도구입니다.
- ▶ 선택 경계 그리기 : 선택된 영역의 테두리에 선이 그려집니다.

드로잉 스케치!

소설가를 꿈꾸는 정석이는 4컷 만화를 보고 스토리를 작성하려고 해요.
"그림은 이렇게 되어 있으니까... 스토리는 이게 좋겠어. 재밌는 대사도 넣어볼까?"

★ 스토리를 완성하고 말풍선 그린 후 대사를 써봅니다.

01 말풍선 그리기

새로운 캔버스를 생성하고 선택 툴을 활용하여 말풍선을 그려 봅니다.

1. 메디방 페인트() 프로그램을 더블 클릭하여 실행한 후 [로그인], [medibang 클라우드 서비스] 등의 대화상자가 나타나면 전부 [닫기(X)]를 클릭하여 닫습니다.

2. [파일]-[열기]를 클릭하고 [이미지 열기] 대화상자가 나타나면 '17강 예제' 파일을 선택한 후 [열기] 버튼을 클릭합니다.

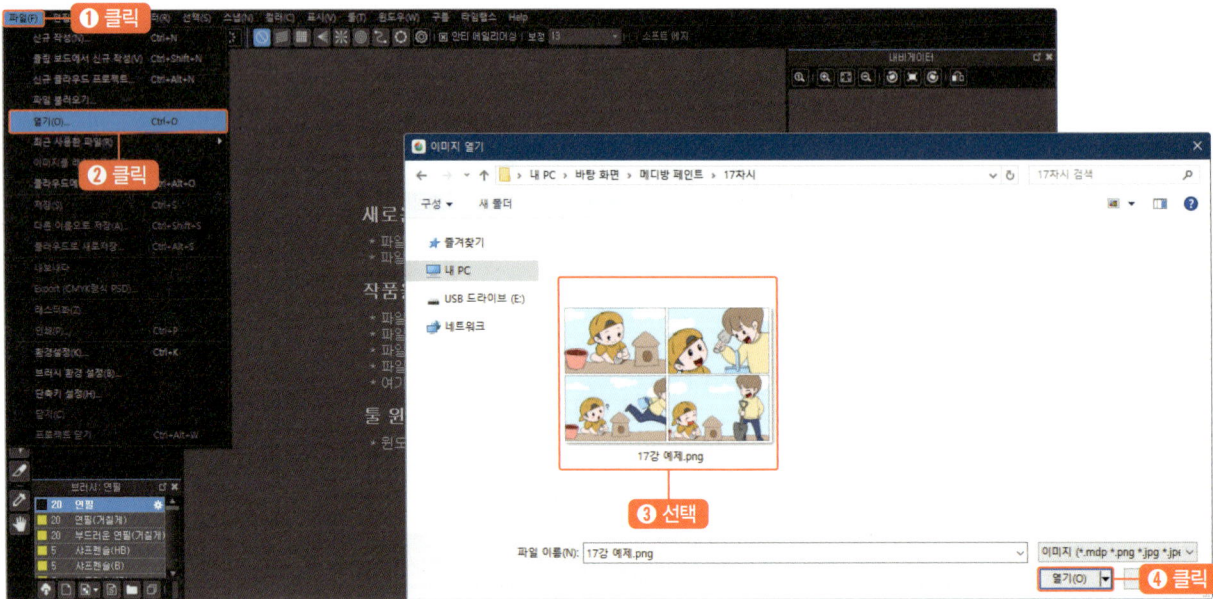

3. [레이어] 창에서 레이어의 추가(📄)를 클릭하고 레이어의 이름을 '말풍선'으로 입력한 후 [확인] 버튼을 클릭합니다.

150 알록달록 디지털 드로잉 **메디방 페인트**

④ 마우스 왼쪽 버튼을 누른 채 드래그하여 말풍선 모양의 타원을 캔버스에 그립니다.

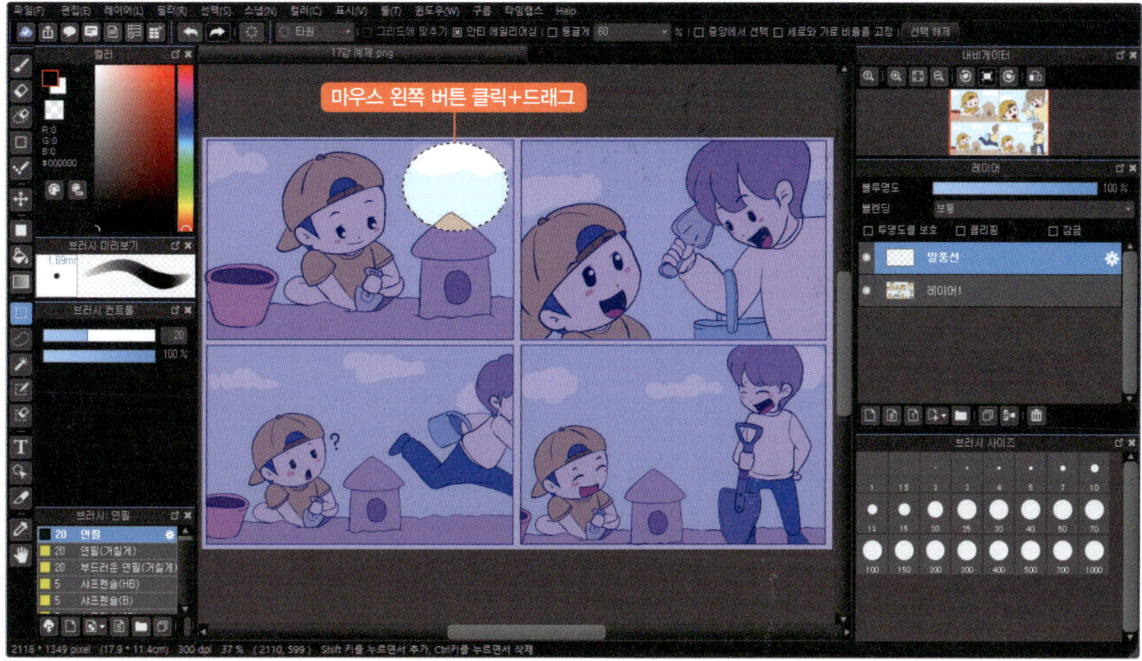

💡 '드로잉 스케치'에서 그렸던 말풍선 모양을 그려 봅니다.

⑤ 선택 툴(□)을 다각형으로 변경하고 키보드에서 Shift 키를 누른 채 말풍선의 꼬리를 그리고 더블 클릭하여 말풍선을 완성합니다.

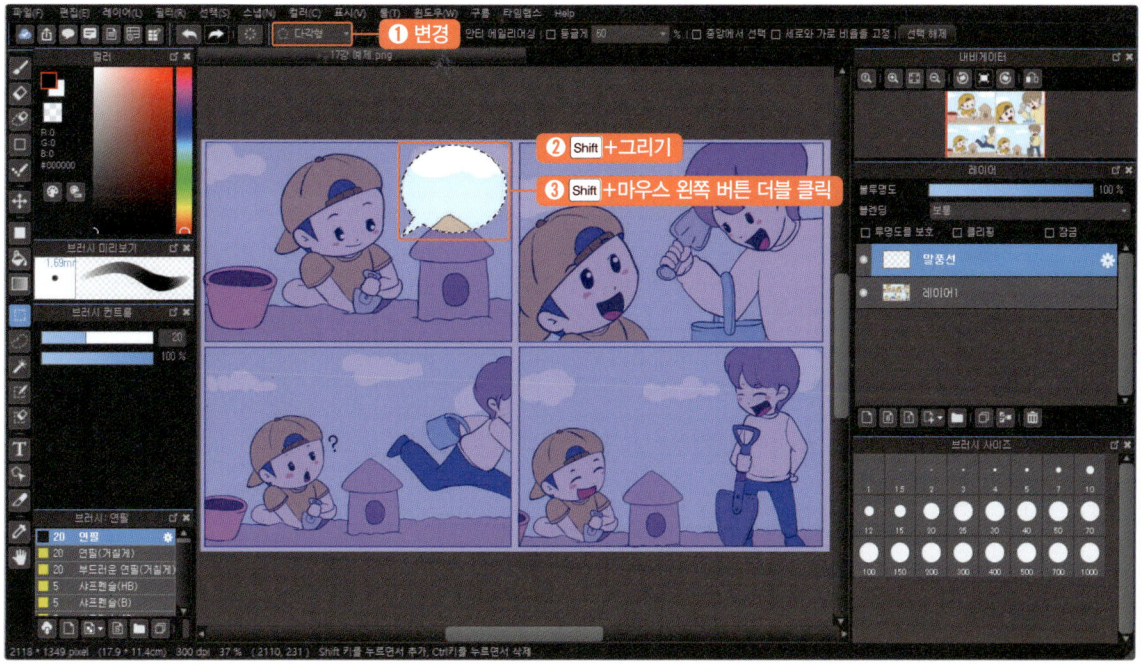

🔍 **돋보기 팁** 구름 모양 말풍선 만들기

Shift 키를 누른 채 타원을 여러 개 겹쳐서 드래그하면 구름 모양 말풍선을 그릴 수 있습니다.

Chapter 17. 이젠 나도 스토리텔러! 151

❻ 말풍선에 테두리를 적용하기 위해 [선택]-[선택 경계 그리기]를 클릭하고 [선택 경계 그리기] 대화상자가 나타나면 말풍선의 테두리 굵기를 '5' pixel로 설정한 후 [확인] 버튼을 클릭합니다.

❼ 도구메뉴에서 버킷 툴( )을 선택하고 [컬러] 창에서 색상을 흰색으로 고른 후 말풍선을 클릭하여 말풍선의 색을 채운 뒤 키보드에서 Ctrl + D 키를 눌러 선택된 영역을 해제합니다.

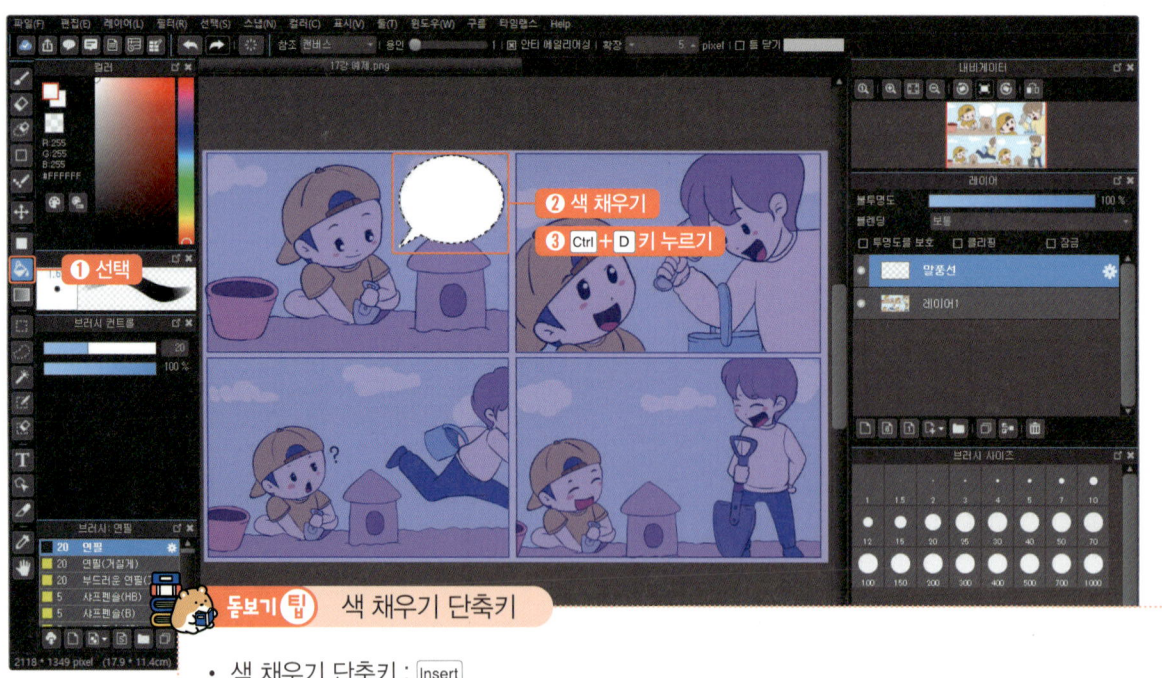

돋보기 팁 색 채우기 단축키

- 색 채우기 단축키 : Insert
- 색을 채우고 싶은 영역을 지정한 후 Insert 키를 누르도록 합니다.
- 배경 그림이 있는 상태에서 말풍선의 색을 채울 땐 Insert 키를 누르면 쉽게 색을 채울 수 있습니다.

💡 로그인을 하면 소재창을 표시( )에서 다양한 말풍선을 다운받을 수 있습니다.

02 말풍선에 텍스트 입력하기

텍스트 툴을 활용하여 말풍선에 텍스트를 입력해 봅니다.

① 도구메뉴에서 텍스트 툴()을 선택하고 말풍선 안쪽을 클릭한 후 [텍스트 편집] 대화상자가 나타나면 '드로잉 스케치!'에서 작성한 대사를 입력한 뒤 글꼴 크기, 글꼴 색 등을 자유롭게 선택한 다음 [확인] 버튼을 클릭합니다.

돋보기팁 텍스트 편집

- 이동 툴()로 텍스트의 위치를 변경할 수 있습니다.
- 텍스트 속성을 변경하려면 [레이어] 창에서 해당 레이어를 더블 클릭하거나 레이어 설정(⚙)을 클릭합니다.

돋보기팁 폰트 선택

로그인을 하지 않고 폰트를 사용할 경우 폰트 명에서 [로그인이 필요합니다.]라는 문구가 없는 글꼴을 선택해야 사용할 수 있습니다.

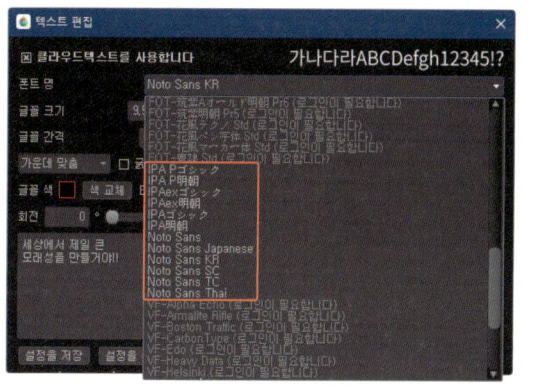

Chapter 17. 이젠 나도 스토리텔러! **153**

03 4컷 만화 완성하기

나머지 말풍선을 그리고 그림에 어울리는 대사를 입력해 봅니다.

① 말풍선 레이어를 선택하고 앞서 배운 말풍선 그리는 방법을 활용하여 나머지 장면에도 '드로잉 스케치!'에서 그렸던 말풍선을 그려 봅니다.

② 텍스트 툴(T)을 활용하여 '드로잉 스케치!'에서 작성했던 대사를 입력하고 4컷 만화를 완성한 후 [PNG] 파일로 저장해 봅니다.

CHAPTER 17 재미 팡팡! 레벨 UP

▶ 예제 파일 : 17강 레벨업 예제.png   ▶ 완성 파일 : 17강 레벨업 완성.png

1 '17강 레벨업 예제' 파일을 불러와 그림을 보고 어울리는 말풍선을 만들어 봅니다.

❗ Shift 키를 누른채 드래그를 하면 도형을 추가로 겹쳐서 그릴 수 있습니다.

2 그림과 어울리는 대사를 말풍선 안에 입력해 봅니다.

Chapter 17. 이젠 나도 스토리텔러!

CHAPTER 18 4컷 만화 그리기

#4컷 만화 #분할 툴 #말풍선

▶ 예제 파일 : 없음   ▶ 완성 파일 : 18강 완성.png

오늘의 학습목표

- 4컷 만화의 스토리를 작성할 수 있습니다.
- 4컷 만화를 그리기 위해 칸을 나눌 수 있습니다.
- 스토리에 맞게 그림을 그릴 수 있습니다.
- 말풍선과 대사를 추가할 수 있습니다.

 핵심 POINT

- ▶ 분할 툴(🖊) : 만화의 칸을 나눌 때 사용하는 도구입니다.
- ▶ 선택 툴(⬚) : 선택한 도형으로 영역을 지정할 수 있는 도구입니다.
- ▶ 텍스트 툴(T) : 글자를 입력할 수 있는 도구입니다.
- ▶ 레이어의 추가(🗐) : 새로운 레이어를 추가할 수 있습니다.

드로잉 스케치!

만화작가를 꿈꾸는 의진이는 4컷 만화를 그리려고 해요. "스토리부터 짜볼까? 이야기는 고양이한테 간택당하는 내용이 좋겠어. 말풍선도 넣어보고 재밌는 대사도 써보는 거야!"

★ 4컷 만화의 스토리를 작성하고 만화를 그려 봅니다.

01 만화 그리는 공간을 추가하고 나누기

만화를 그릴 공간을 추가하고 4컷 만화를 그리기 위해 칸을 4개로 분할해 봅니다.

① 메디방 페인트( ) 프로그램을 더블 클릭하여 실행한 후 [로그인], [medibang 클라우드 서비스] 등의 대화상자가 나타나면 전부 [닫기(X)]를 클릭하여 닫습니다.

② [파일]-[신규 작성]을 클릭하고 [이미지의 신규 작성] 대화상자가 나타나면 [용지 사이즈]를 'A4'로 선택하고 '폭과 높이를 교체'를 클릭한 후 [확인] 버튼을 클릭합니다.

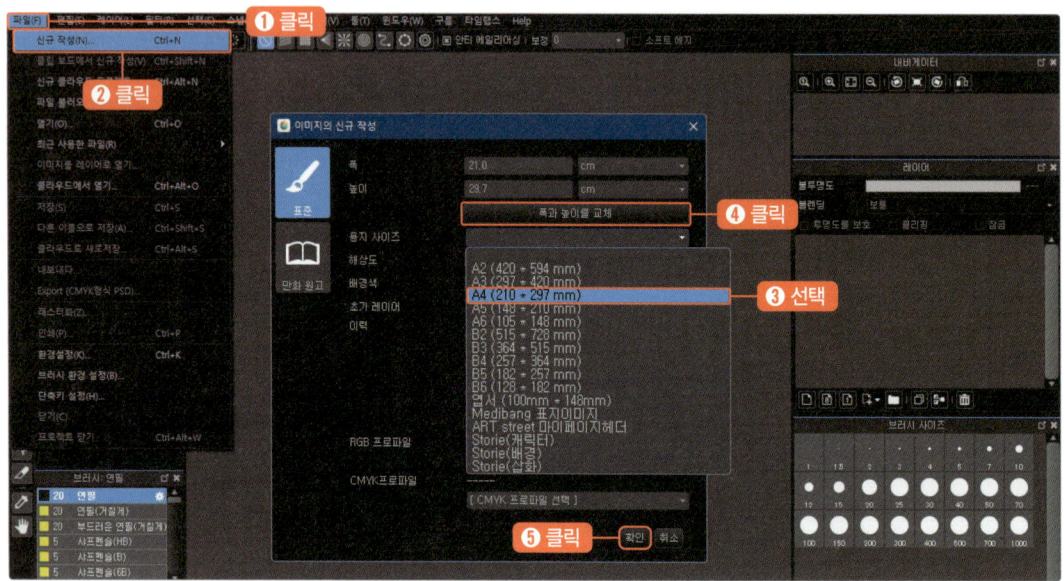

③ 만화를 그리기 위한 칸을 나누기 위해 [레이어]-[만화 칸 소재의 추가]를 클릭하고 [칸의 프로퍼티] 대화상자가 나타나면 '선의 폭'의 값을 '10'으로 입력한 후 선의 색을 '검정'으로 선택한 뒤 [확인] 버튼을 클릭합니다.

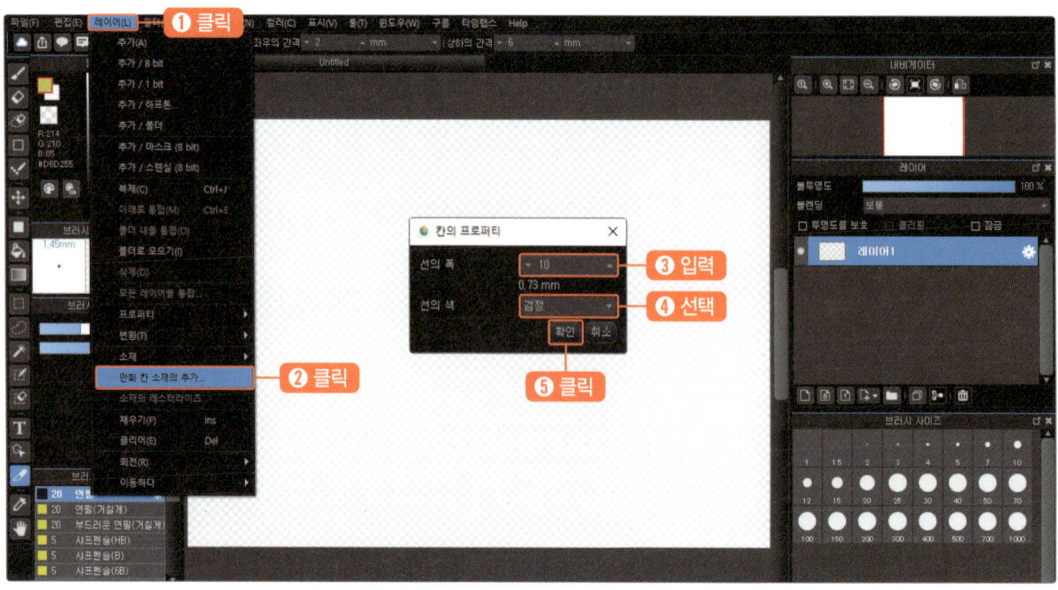

④ 분할 툴(✎)을 선택하고 마우스 모양이 분할 툴(✎) 모양으로 바뀌면 드래그하여 칸을 나눠봅니다.

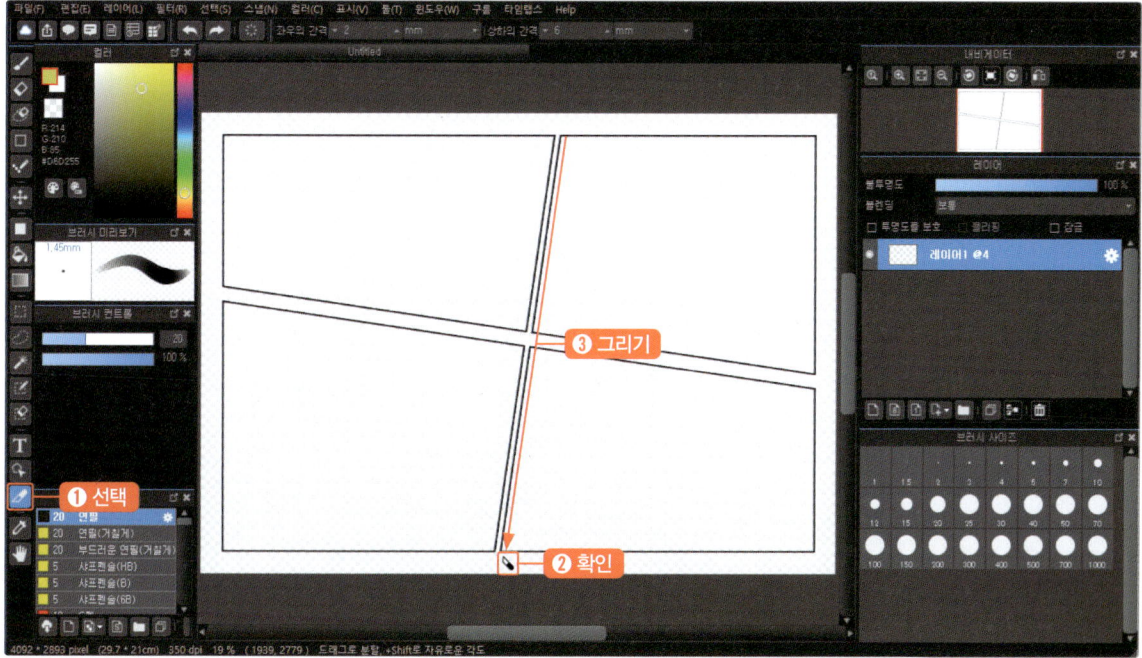

돋보기 팁 만화 공간 나누기

드래그를 할 때는 한쪽 변에서 다른 쪽 변까지 드래그를 해야 합니다.

⑤ 작성한 스토리를 그림으로 그리기 위해 [레이어] 창에서 레이어의 추가(📄)를 클릭하고 레이어의 설정(⚙)을 클릭하여 레이어 이름을 '스케치'로 입력한 후 [확인] 버튼을 클릭합니다.

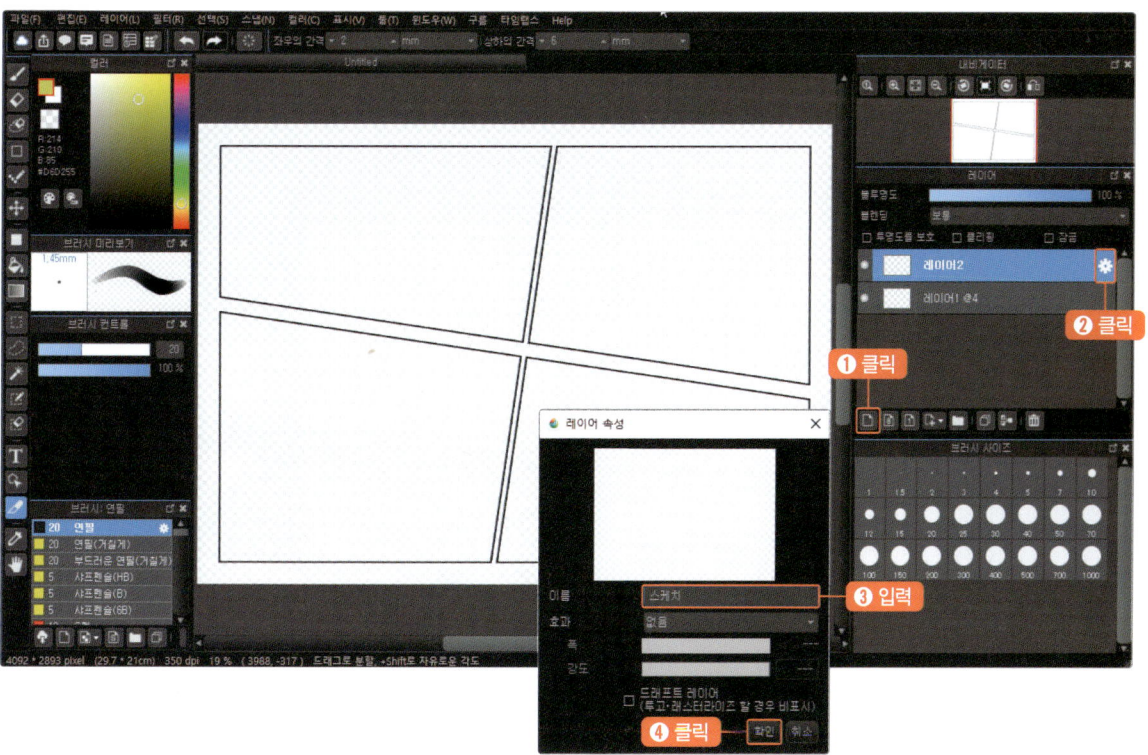

Chapter 18. 4컷 만화 그리기 **159**

02 4컷 만화 그리기

스토리에 맞게 그림을 스케치한 후 레이어를 추가하여 선을 정리한 뒤 채색해 봅니다.

① 작성한 스토리에 맞게 브러시 툴()을 선택하고 [브러시] 창에서 '펜', '연필' 등을 활용하여 '드로잉 스케치!'에서 그렸던 그림을 스케치해 봅니다.

돋보기 팁 스케치하기

이후 그린 선들을 정리할 예정이므로 정확하게 그리지 않아도 됩니다.

② [레이어] 창에서 레이어의 추가(□)를 클릭하고 레이어 이름을 '선 정리'로 변경한 후 스케치한 선을 다시 그려서 정리합니다. 이어서 앞서 작성했던 '스케치' 레이어를 삭제합니다.

❸ [레이어] 창에서 레이어의 추가( )를 클릭하고 레이어 이름을 '채색'으로 변경한 후 드래그하여 '채색' 레이어를 '레이어1 @4' 레이어 아래로 이동합니다.

❹ '채색' 레이어를 선택하고 브러시 툴( ), 버킷 툴( ) 등을 활용하여 그림을 채색해 봅니다.

❺ 도구메뉴에서 선택 툴( )을 선택하고 대사를 쓸 장면에 말풍선을 추가합니다.

❻ 도구메뉴에서 텍스트 툴(T)을 선택하고 말풍선에 텍스트를 추가하여 4컷 만화를 완성합니다.

CHAPTER 18 재미 팡팡! 레벨 UP

▶ 예제 파일 : 없음   ▶ 완성 파일 : 18강 레벨업 완성.png

1 본문 내용에 이어서 4컷 만화의 스토리를 작성해 봅니다.

---

2 작성한 스토리에 맞춰 그림을 스케치하고 스케치가 끝나면 4컷 만화를 완성해 봅니다.

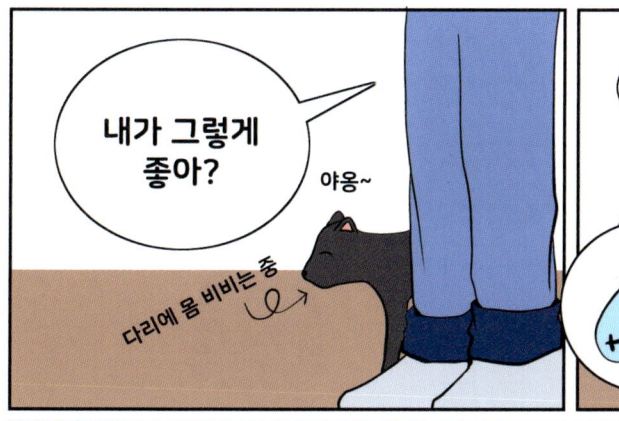

CHAPTER 19 비율을 맞춰봐요!

#비율 수정 #올가미 도구 #선택 툴

▶ 예제 파일 : 19강 예제.mdp   ▶ 완성 파일 : 19강 완성.png

오늘의 학습목표

- 올가미 도구를 활용하여 그림의 일부를 선택하고 비율을 조절할 수 있습니다.
- 선택 툴을 활용하여 이동시키고 싶은 영역을 지정할 수 있습니다.
- 이동 툴로 선택한 그림을 이동시킬 수 있습니다.
- 변형시킨 그림을 채색하고 무늬와 그림자를 추가할 수 있습니다.

핵심 POINT

▶ 올가미 도구(■) : 영역을 자유롭게 지정할 수 있는 도구입니다.
▶ 선택 툴(■) : 선택한 도형으로 영역을 지정할 수 있는 도구입니다.
▶ 버킷 툴(■) : 선으로 둘러싸인 곳의 색을 한번에 채울 수 있는 도구입니다.
▶ 이동 툴(■) : 선택한 레이어를 이동할 수 있는 도구입니다.

드로잉 스케치!

처음으로 그림을 그리는 희철이는 어색한 자신의 그림을 보고 고민에 빠졌어요.
"눈도 어색하고 다리도 어색한 거 같아. 이걸 고치고 싶은데... 그래 맞아! 올가미 도구와 선택 툴을 활용해서 눈도 작게 하고 다리도 길게 만들겠어!"

★ 아래 그림을 보고 수정하고 싶은 부분을 찾아 그려 봅니다.

원본 그림

나만의 비율로 캐릭터를 다시 그려 봅니다.

Chapter 19. 비율을 맞춰봐요!

01 캐릭터 비율 조정하기

예제 파일을 불러와 나만의 비율로 그림을 수정해 봅니다.

① 메디방 페인트( ) 프로그램을 더블 클릭하여 실행한 후 [로그인], [medibang 클라우드 서비스] 등의 대화상자가 나타나면 전부 [닫기(X)]를 클릭하여 닫습니다.

② [파일]-[열기]를 클릭하고 [이미지 열기] 대화상자가 나타나면 '19강 예제' 예제 파일을 선택한 후 [열기] 버튼을 클릭합니다.

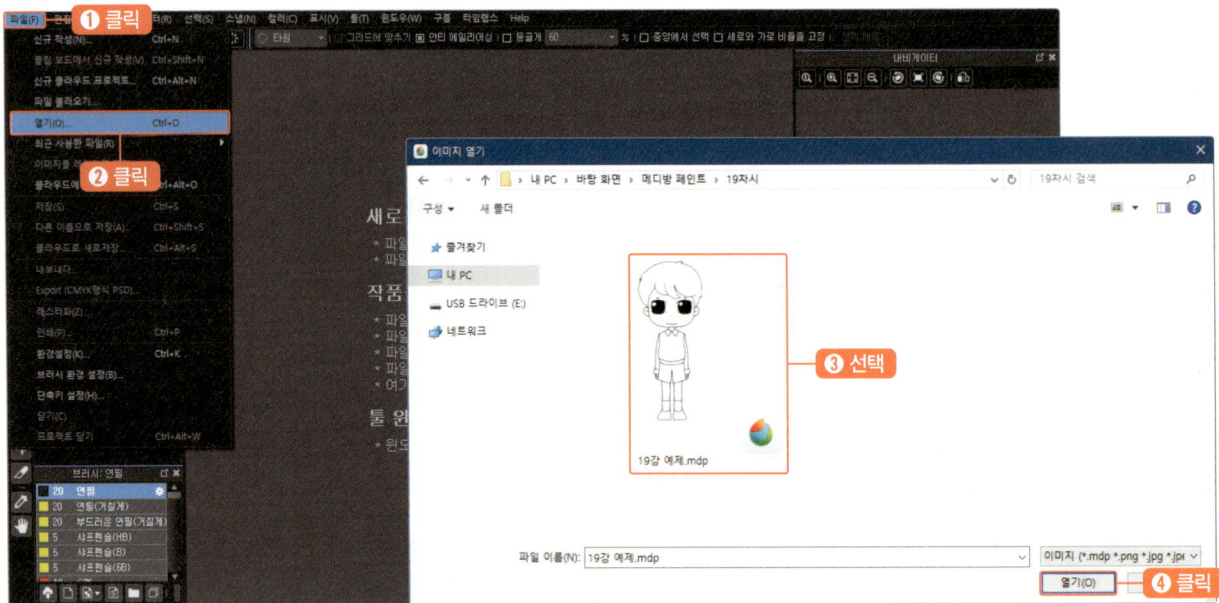

③ 눈이 작은 캐릭터를 만들기 위해 [레이어] 창에서 '눈코입' 레이어를 선택하고 도구메뉴에서 올가미 도구( )를 선택한 후 눈과 눈썹을 포함한 영역을 그립니다.

돋보기 팁 확대하기

마우스를 당겨서 확대하면 그리기가 더 쉽습니다.

④ 키보드에서 Ctrl+T 키를 누르고 조절점을 드래그하여 눈의 크기를 작게 변형한 후 위치를 이동한 뒤 [확인] 버튼을 클릭합니다.

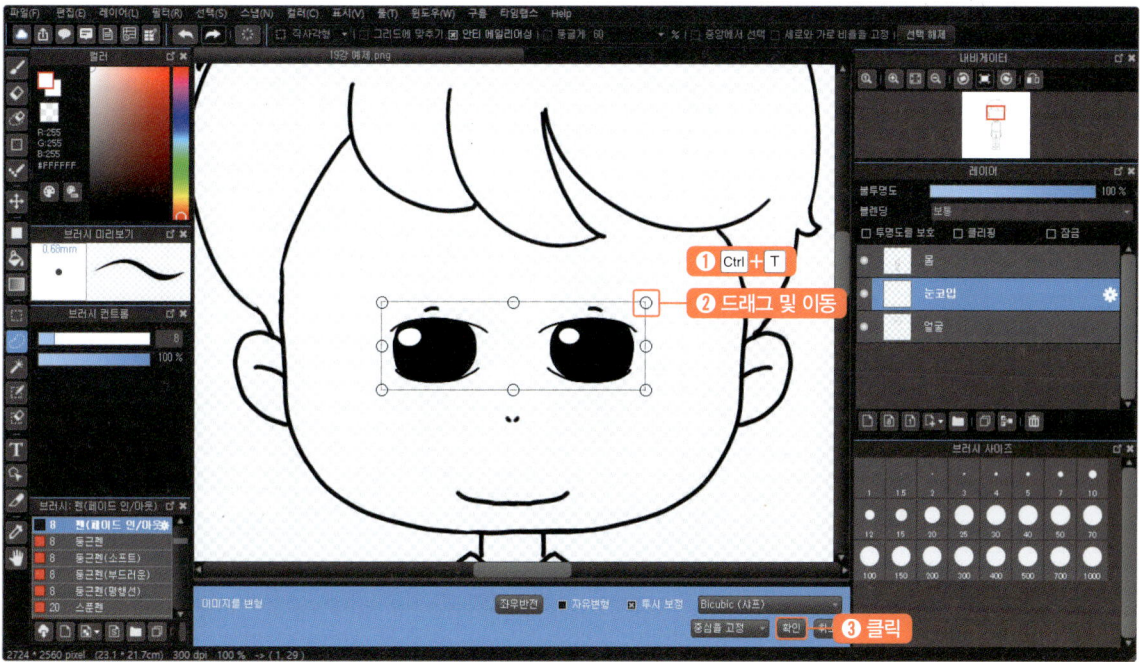

 눈의 위치 맞추기

눈의 위치는 하나씩 다시 맞춰야 하므로 우선 얼굴에서 눈의 높이만 맞춰 봅니다.

⑤ 키보드에서 Ctrl+D 키를 눌러 영역을 해제하고 도구메뉴에서 선택 툴( )을 선택한 후 한 쪽 눈 그림만 영역을 선택한 뒤 이동 툴( )을 선택한 다음 눈의 위치를 변경합니다.

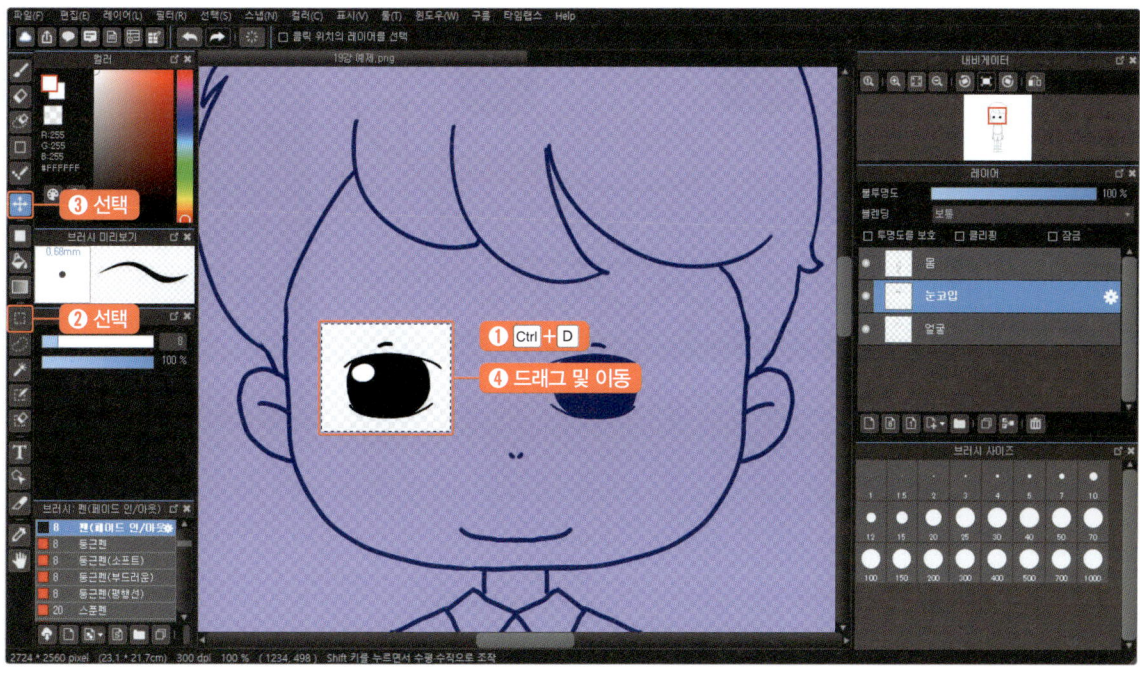

Chapter 19. 비율을 맞춰봐요! **167**

❻ 키보드에서 Ctrl + D 키를 눌러 영역을 해제하고 반대쪽 눈의 위치도 변경합니다.

❼ 코와 입도 원하는 대로 위치를 이동합니다.

💡 비율을 수정하다 보면 그림을 다시 그려야할 때가 있으므로 필요한 부분은 추가로 그려 넣습니다.

❽ 긴 다리를 만들기 위해 [레이어] 창에서 '몸' 레이어를 선택하고 도구메뉴에서 선택 툴( )을 선택한 후 다리 중간부터 신발까지 영역을 드래그합니다.

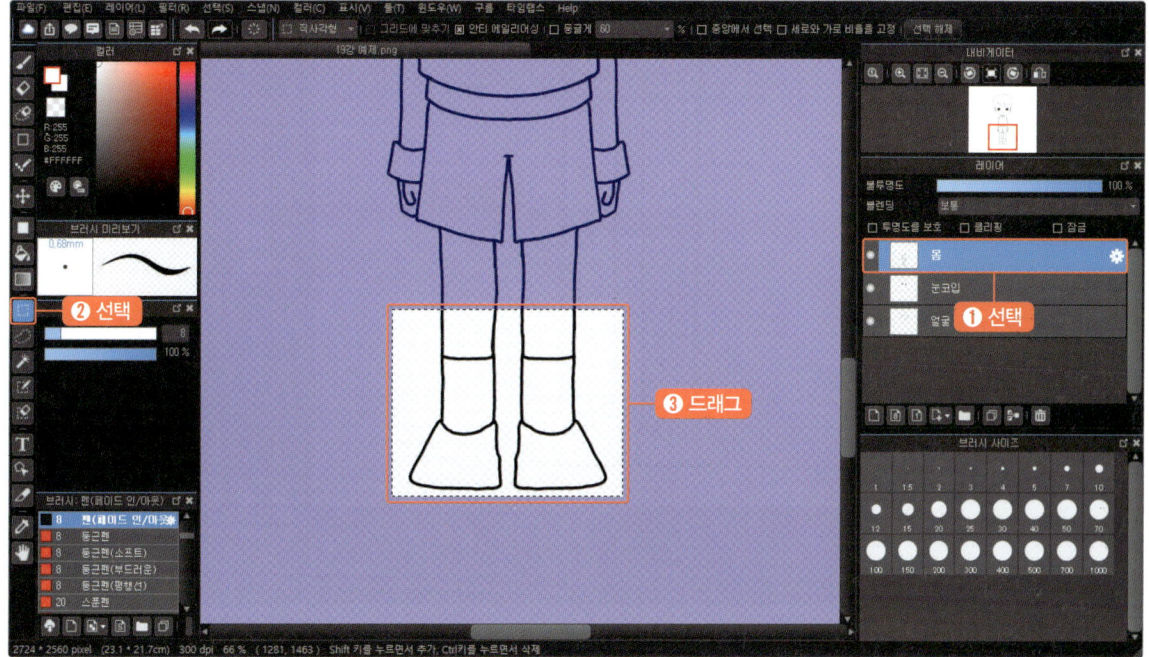

❾ 도구메뉴에서 이동 툴( )을 선택하고 다리의 위치를 아래쪽으로 이동한 후 Ctrl + D 키를 눌러 영역을 해제합니다.

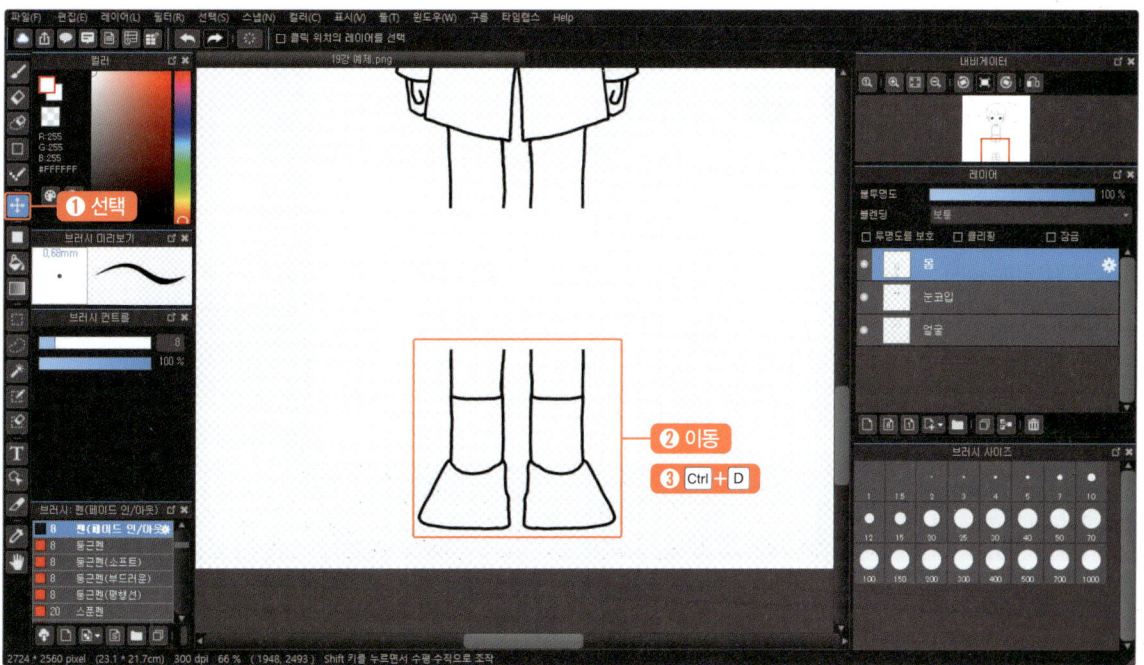

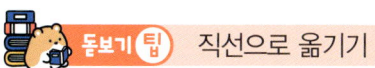 직선으로 옮기기

키보드에서 Shift 키를 누른 채 드래그하면 직선으로 다리를 이동할 수 있습니다.

⑩ 브러시 툴(　)을 선택하고 선을 그려서 끊어진 다리를 이어줍니다.

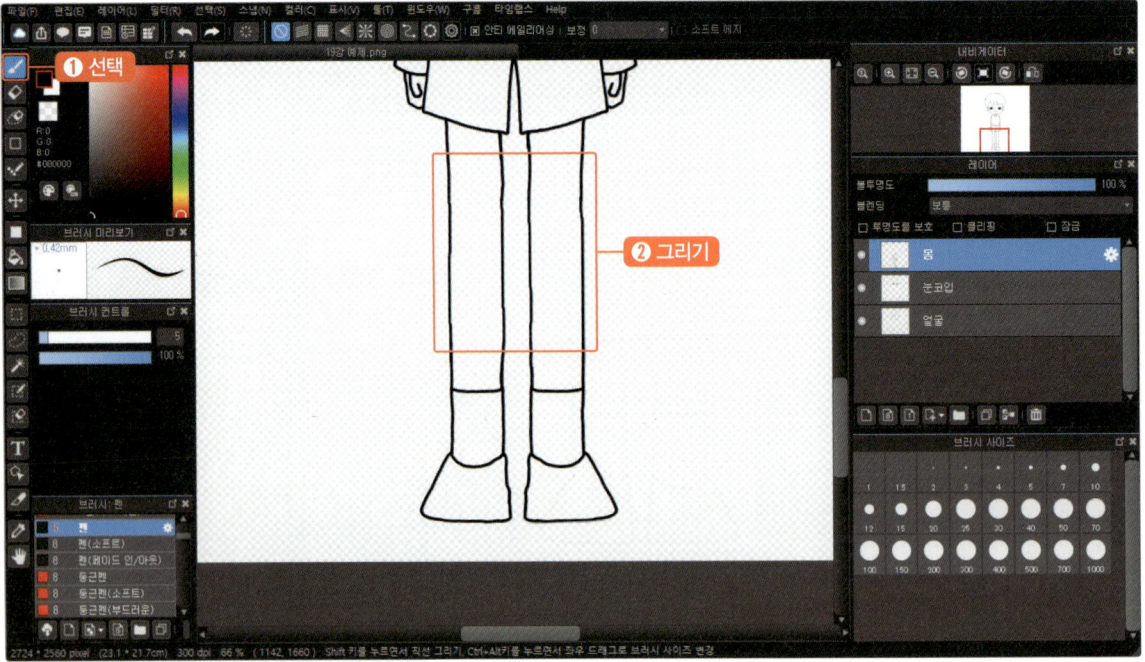

⑪ ❸~⑩과 같은 방법으로 다양한 캐릭터를 완성해 봅니다.

돋보기 팁 레이어 복제

- 새로운 레이어를 생성하여 그립니다.
- 몸, 눈코입, 얼굴 레이어를 복제하여 다양한 캐릭터를 그려도 됩니다.

02 채색하고 무늬와 그림자 그리기

채색 레이어를 추가하여 완성된 그림을 채색해 봅니다.

❶ [레이어] 창에서 맨 위의 레이어를 선택하고 레이어를 아래로 통합(📥)을 클릭하여 모든 레이어를 하나로 합친 후 레이어의 추가(📄)를 클릭한 뒤 레이어 이름을 '채색'으로 변경한 다음 기존 레이어의 아래로 이동합니다.

❷ '채색' 레이어를 선택하고 버킷 툴(🪣)로 그림을 채색합니다.

Chapter 19. 비율을 맞춰봐요! **171**

❸ [레이어] 창에서 '채색' 레이어를 선택하고 레이어의 추가(📄)를 클릭한 후 레이어 이름을 '무늬'로 변경한 뒤 옷에 무늬를 그려 봅니다.

💡 같은 모양의 옷이라도 서로 다른 무늬가 들어가면 다른 모양의 옷처럼 보일 수 있습니다.

❹ [레이어] 창에서 '채색' 레이어를 선택하고 레이어의 추가(📄)를 클릭한 후 레이어 이름을 '그림자'로 변경한 뒤 클리핑을 선택하고 블렌딩을 '곱셈'으로 설정한 다음 그림자를 그립니다.

❺ 그림을 완성하고 [파일]-[다른 이름으로 저장]을 클릭한 후 [PNG] 파일로 저장합니다.

CHAPTER 19 재미 팡팡! 레벨 UP

▶ 예제 파일 : 19강 레벨업 예제.mdp　▶ 완성 파일 : 19강 레벨업 완성.png

1 '19강 레벨업 예제' 파일을 불러와 비율을 자유롭게 변경해 봅니다.

원본 그림　　　나만의 비율로 캐릭터를 다시 그려 봅니다.

2 새로운 레이어를 추가하여 비율을 변경한 그림을 자유롭게 꾸며 봅니다.

Chapter 19. 비율을 맞춰봐요! **173**

CHAPTER 20 그림을 흐리게 바꾼다면?

#흐림 효과 #모션 블러 #하드 라이트

▶ 예제 파일 : 20강 예제.mdp   ▶ 완성 파일 : 20강 완성.png

오늘의 학습목표

- 블렌딩의 하드 라이트 기능을 활용하여 배경을 흐리게 표현할 수 있습니다.
- 브러시를 활용히여 비가 내리는 모습을 그릴 수 있습니다.
- 모션 블러 기능을 활용하여 쏟아지는 비의 모습을 표현할 수 있습니다.

핵심 POINT

- ▶ 브러시 툴(✏) : 그림을 그릴 때 사용하는 도구입니다.
- ▶ 레이어의 추가(🗐) : 새로운 레이어를 추가할 수 있습니다.
- ▶ 모션 블러 : 각도(방향)으로 흐림 효과가 적용됩니다.
- ▶ 하드 라이트 : 배경에 선택한 색으로 그림자 효과를 만들 수 있습니다.

드로잉 스케치!

백산이는 지난 방학 때 놀러갔던 여행 사진을 정리하고 있었어요. 풍경 사진에 자신의 그림도 넣어봤지요. 그런데 심심해 보이는 사진 때문에 고민이 많던 백산이는 번뜩이는 아이디어가 떠올랐어요. "비가 잘 보이지 않으니 직접 그려보자. 또 분위기를 조금 더 어둡게 하면 감성적일 것 같아! 다 만들고 SNS에도 올려야지~"

★ 왼쪽의 완성작품과 비교하여 차이점과 느낀점을 작성해 봅니다.

Chapter 20. 그림을 흐리게 바꾼다면?

01 배경을 흐리게 만들어보기

캐릭터를 돋보이게 하기 위해 가우시안 블러을 이용하여 배경에 흐림 효과를 적용해 봅니다.

① 메디방 페인트() 프로그램을 더블 클릭하여 실행한 후 [로그인], [medibang 클라우드 서비스] 등의 대화상자가 나타나면 전부 [닫기(X)]를 클릭하여 닫습니다.

② [파일]-[열기]를 클릭하고 [이미지 열기] 대화상자가 나타나면 '20강 예제' 파일을 선택한 후 [열기] 버튼을 클릭합니다.

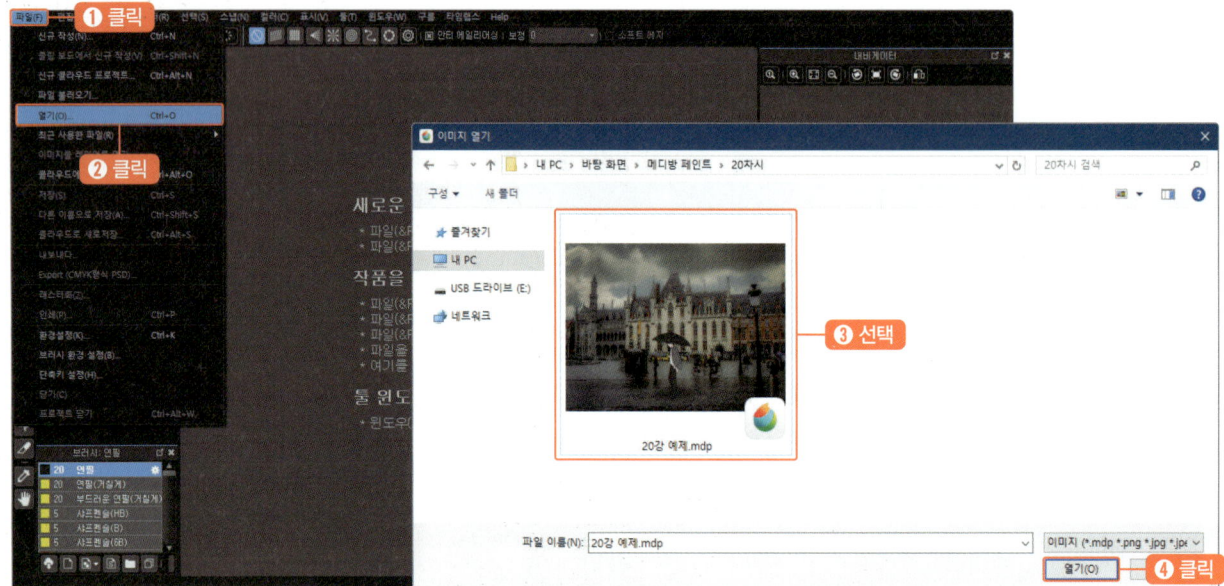

③ 배경을 흐리게 표현하기 위해 [레이어] 창에서 '배경' 레이어를 선택하고 [필터]-[가우시안 블러]를 클릭한 후 [가우시안 블러] 대화상자가 나타나면 값을 '3'으로 변경한 뒤 [확인] 버튼을 클릭합니다.

④ 비오는 분위기를 만들기 위해 [레이어] 창에서 레이어의 추가(🗋)를 클릭하고 레이어 이름을 '분위기'로 입력한 후 [확인] 버튼을 클릭한 뒤 블렌딩을 '하드 라이트'로 설정합니다.

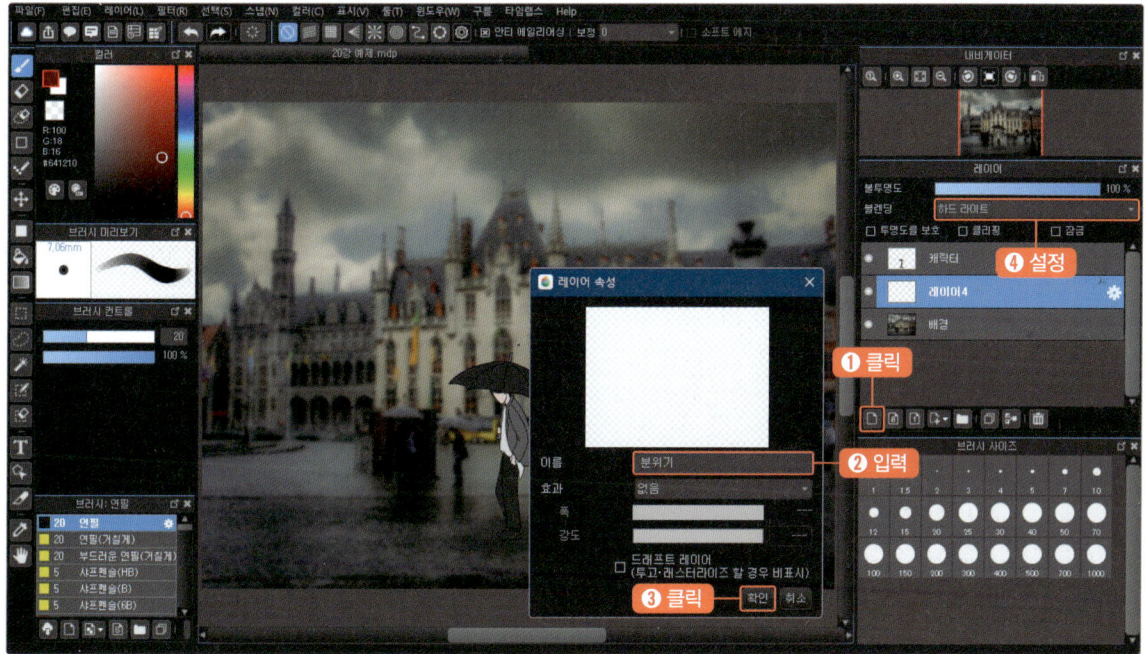

⑤ 도구메뉴에서 브러시 툴(✏)을 선택하고 [레이어] 창에서 브러시 종류를 '에어브러시'로 선택한 후 캐릭터를 제외한 주변 배경을 어두운 배경과 어울리도록 [컬러] 창에서 색을 선택한 뒤 채색합니다.

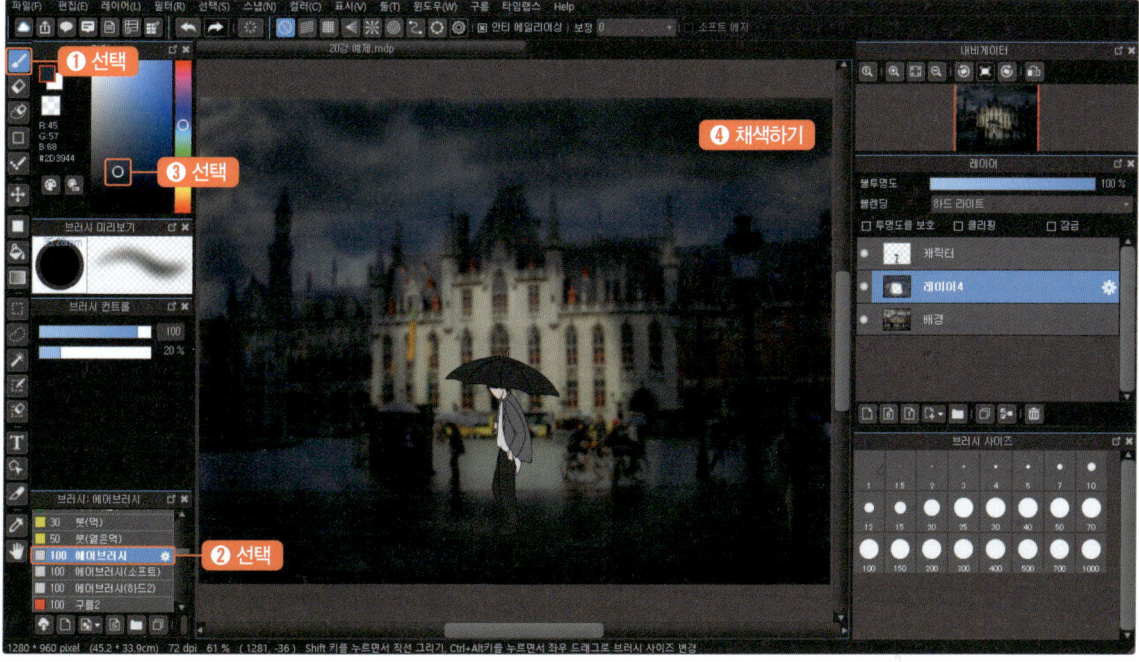

돋보기 팁　에어브러시로 채색하기

- '에어브러시'로 색을 여러 번 칠할수록 색이 진해집니다.
- 어둡게 표현하고 싶은 부분은 여러 번 칠하고 밝게 표현하고 싶은 부분은 적게 칠합니다.

02 떨어지는 비 표현하기

새로운 레이어에 브러시로 비 모양을 그린 뒤 모션 블러로 쏟아지는 비를 표현해 봅니다.

① 비를 표현하기 위해 [레이어] 창에서 레이어의 추가( )를 클릭하고 레이어 이름을 '비'로 변경한 후 가장 위쪽으로 이동합니다.

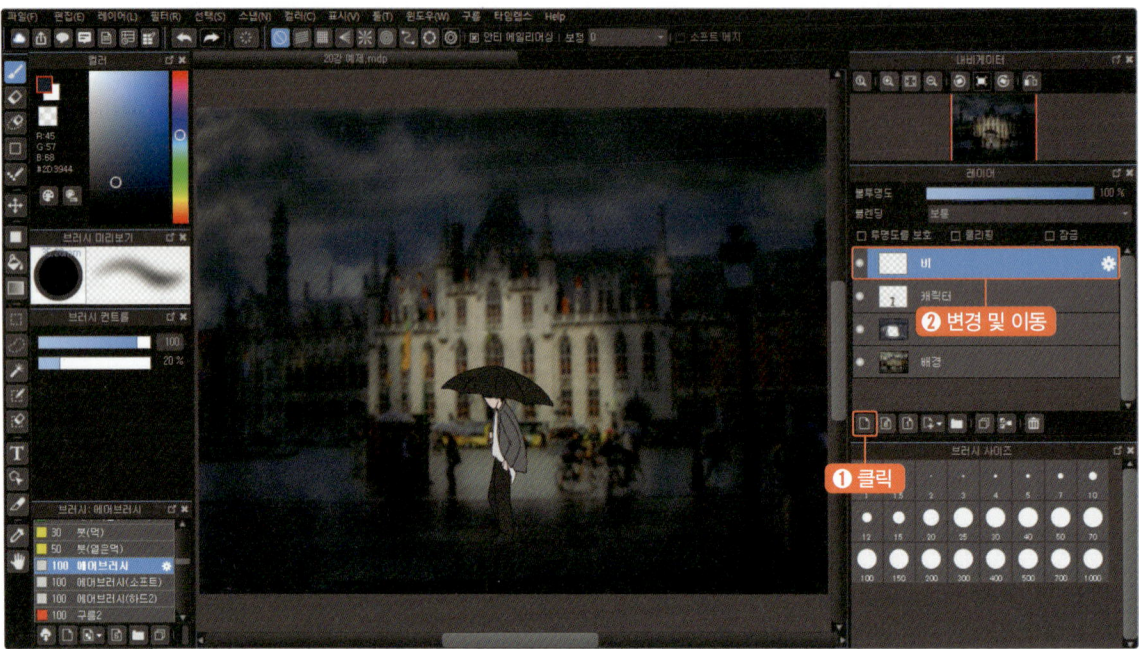

② 브러시 종류를 '펜(페이드 인/아웃)'으로 선택하고 브러시 색을 흰색으로 바꾼 후 브러시 사이즈를 '2'~'4'로 변경한 뒤 '비' 레이어에 비를 그려 봅니다.

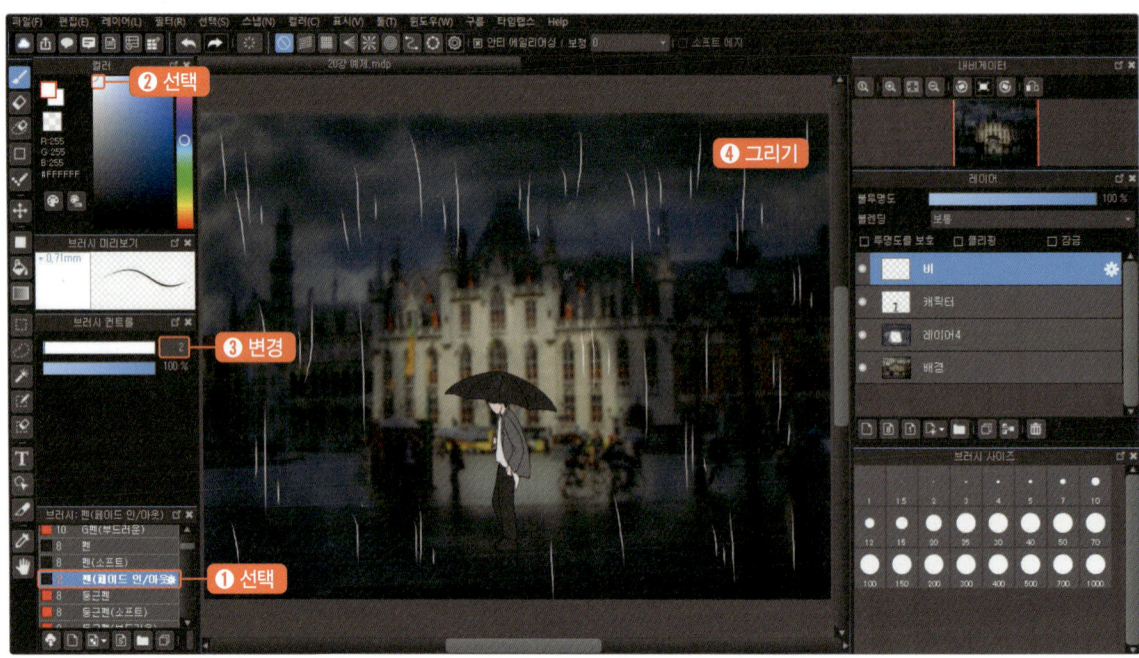

❸ 내리는 비에 효과를 적용하기 위해 [필터]-[모션 블러]를 클릭한 후 [모션 블러] 대화상자가 나타나면 '강도'와 '각도'를 자유롭게 조절한 뒤 [확인] 버튼을 클릭합니다.

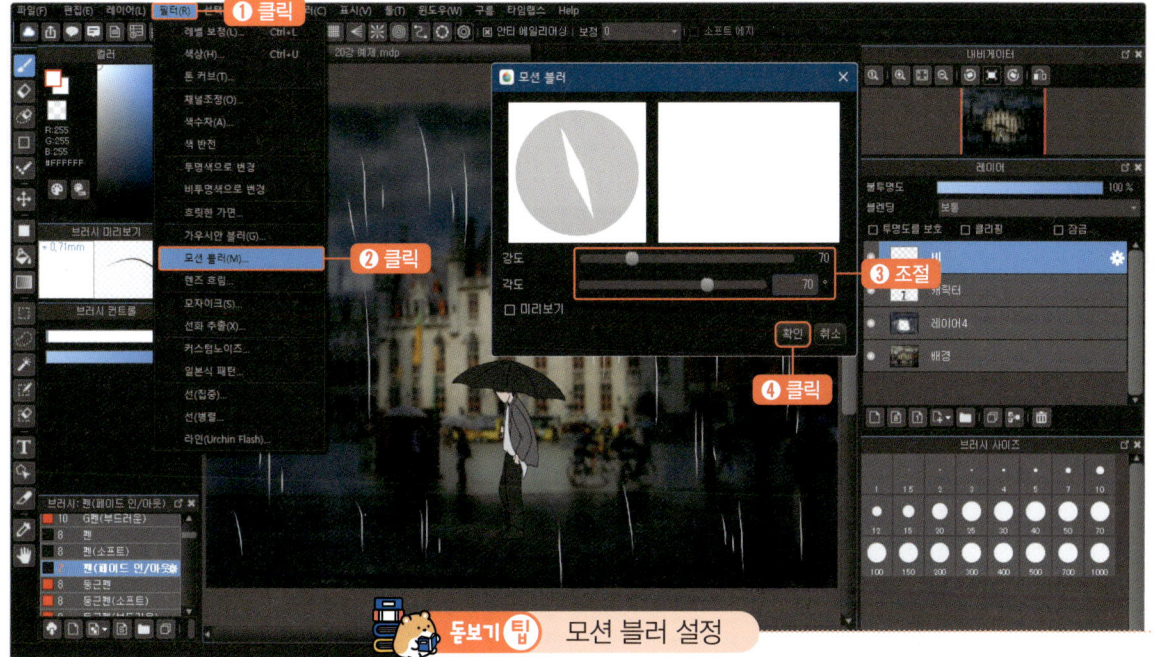

돋보기 팁 모션 블러 설정

- 강도 : 흐리게 되는 정도이며 값이 높을수록 모션 블러 효과가 높아집니다.
- 각도 : 흐리게 할 방향을 설정할 수 있습니다.
- 미리보기 : 캔버스에 설정된 블러가 나타납니다.

❹ 브러시 사이즈를 조절하며 '캐릭터' 주변에 비가 쏟아지는 모습을 추가로 그려본 후 [파일]-[다른 이름으로 저장]을 클릭하여 [PNG] 파일로 저장해 봅니다.

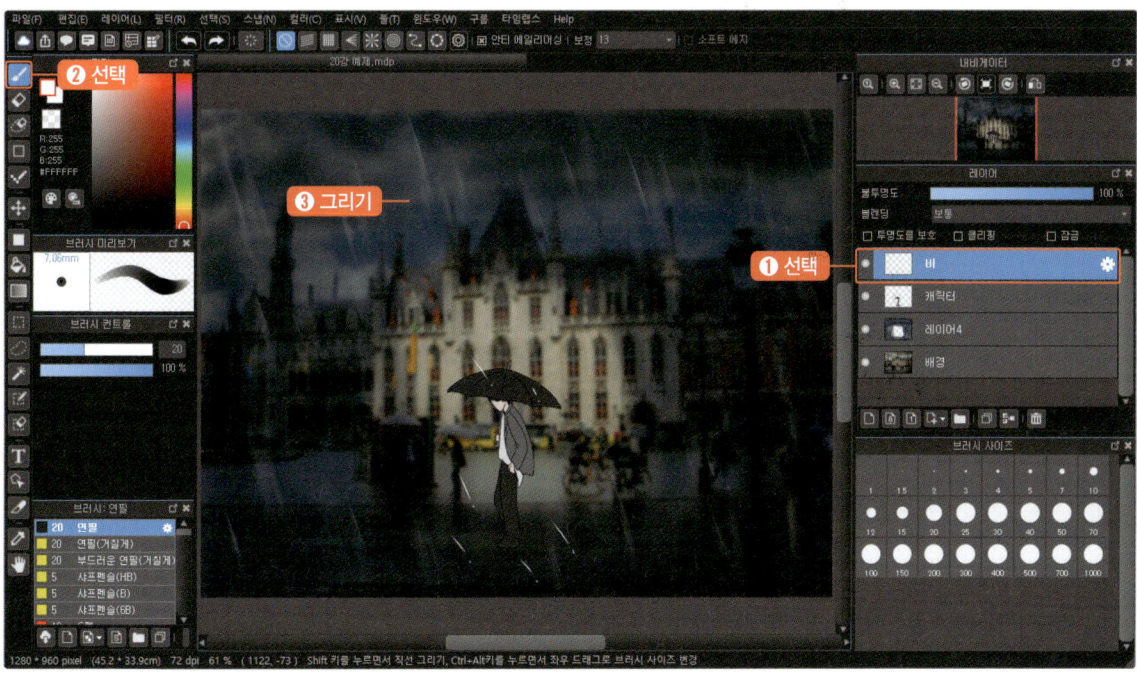

Chapter 20. 그림을 흐리게 바꾼다면? **179**

03 두 개의 그림 비교하기

흐려지는 효과를 적용한 이미지와 그렇지 않은 이미지를 비교하여 봅니다.

일반 사진

뒷 배경이 흐려지는 효과를 적용한 사진

돋보기 팁 흐림 효과의 장점

- 흐림 효과는 선명한 사진을 흐리게 처리할 수 있는 장점이 있습니다.
- 흐림 효과를 사용한 영역과 사용하지 않은 영역을 나눌 수 있고 부각시키고 싶은 부분을 선명하게 표현하거나 멀리 있는 사물 등을 표현할 때도 사용할 수 있습니다.

CHAPTER 20 재미 팡팡! 레벨 UP

▶ 예제 파일 : 20강 레벨업 예제.mdp   ▶ 완성 파일 : 20강 레벨업 완성.png

1 배경을 검정색으로 채색하고 레이어를 추가한 후 아래 순서에 따라 비눗방울을 그려 봅니다.

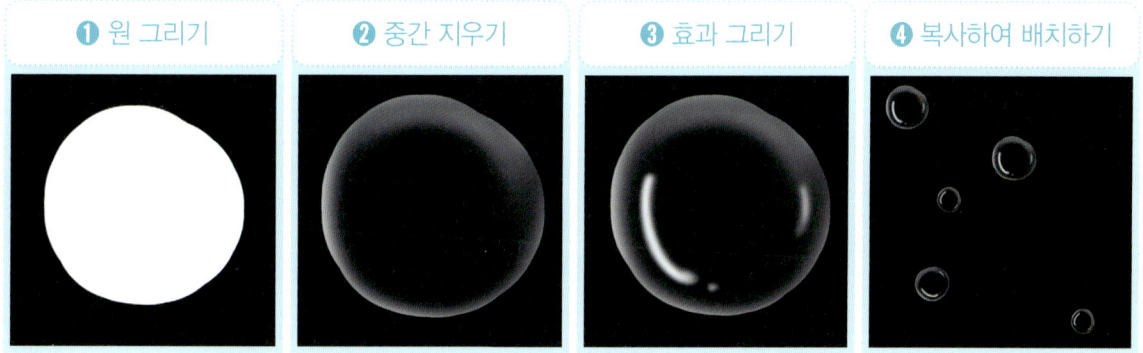

❶ 원 그리기   ❷ 중간 지우기   ❸ 효과 그리기   ❹ 복사하여 배치하기

> ❗ 원의 중간을 지울 때는 브러시를 지우개(소프트)로, 효과를 그릴 때는 에어브러시를 사용합니다.

2 '20강 레벨업 예제' 파일을 불러와 배경에 흐림 효과를 적용한 후 그렸던 비눗방울을 삽입해 봅니다.

Chapter 20. 그림을 흐리게 바꾼다면?

CHAPTER 21 반짝반짝 빛나는 조명!

#블렌딩 #더하기·발광 #에어브러시

▶ 예제 파일 : 21강 예제.jpg   ▶ 완성 파일 : 21강 완성.png

오늘의 학습목표

- 블렌딩의 하드 라이트 기능을 활용하여 배경을 흐리게 만들 수 있습니다.
- 에어브러시로 조명을 그릴 수 있습니다.
- 블렌딩의 더하기·발광 기능을 활용하여 조명을 빛나게 할 수 있습니다.

핵심 POINT

- ▶ 브러시 툴(✏) : 그림을 그릴 때 사용하는 도구입니다.
- ▶ 레이어의 추가(📄) : 새로운 레이어를 추가할 수 있습니다.
- ▶ 버킷 툴(🪣) : 선으로 둘러싸인 곳의 색을 한번에 채울 수 있는 도구입니다.
- ▶ 더하기·발광 : 아래 레이어에 설정된 색을 더하는 기능으로써 채색한 부분에 빛이 나는 효과가 있습니다.

드로잉 스케치!

해외 여행 중 밤 풍경을 찍은 초롱이는 SNS에 올릴 사진을 정리하던 중 그냥 올리지 않고 특별한 효과를 넣고 싶어졌어요. "조명들이 너무 약한 거 같아. 발광 효과를 넣으면 더 이뻐 보이겠지? 배경색도 어둡게 하면 더 분위기 있어질거야!"

★ 왼쪽의 완성작품과 비교하여 차이점과 느낀점을 작성해 봅니다.

Chapter 21. 반짝반짝 빛나는 조명!

01 조명 효과 표현하기

블렌딩 기능을 활용하여 어두운 밤거리에 빛을 추가해 봅니다.

① 메디방 페인트() 프로그램을 더블 클릭하여 실행한 후 [로그인], [medibang 클라우드 서비스] 등의 대화상자가 나타나면 전부 [닫기(X)]를 클릭하여 닫습니다.

② [파일]-[열기]를 클릭하고 [이미지 열기] 대화상자가 나타나면 '21강 예제' 파일을 선택한 후 [열기] 버튼을 클릭합니다.

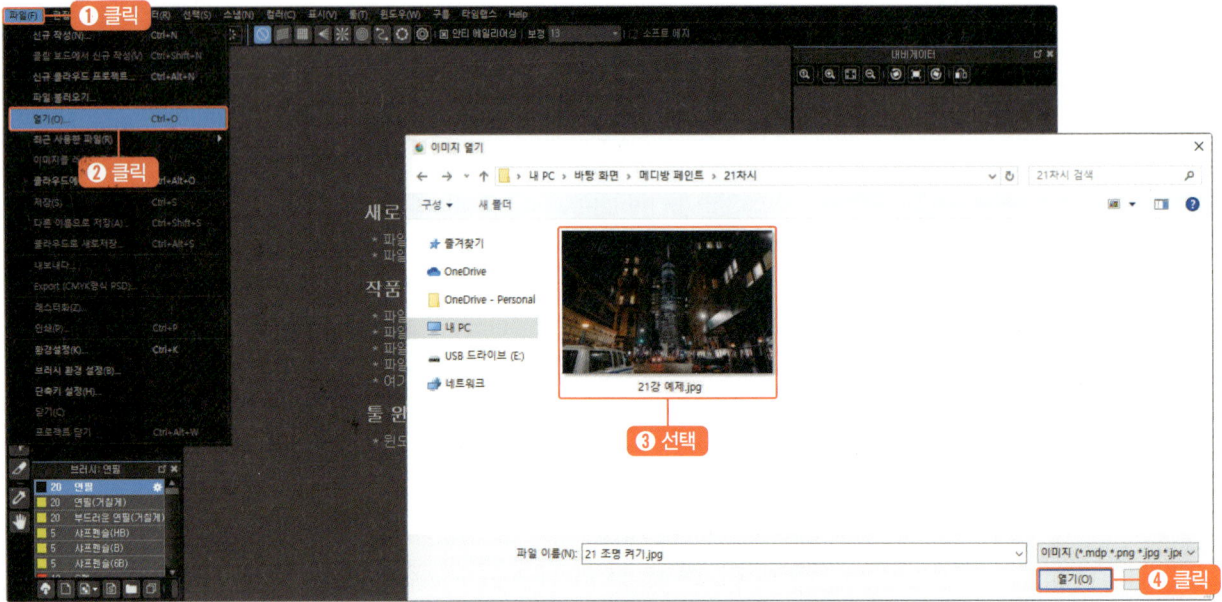

③ 어두운 밤을 표현하기 위해 [레이어] 창에서 레이어의 추가( )를 클릭하고 레이어 이름을 '효과'로 변경한 후 블렌딩을 '하드 라이트'로 설정합니다.

184 알록달록 디지털 드로잉 **메디방 페인트**

④ 도구메뉴에서 브러시 툴( )을 선택하고 [레이어] 창에서 브러시 종류를 '에어브러시'로 선택합니다. 그리고 어두운 계열의 색을 선택한 후 레이어 전체를 채색합니다.

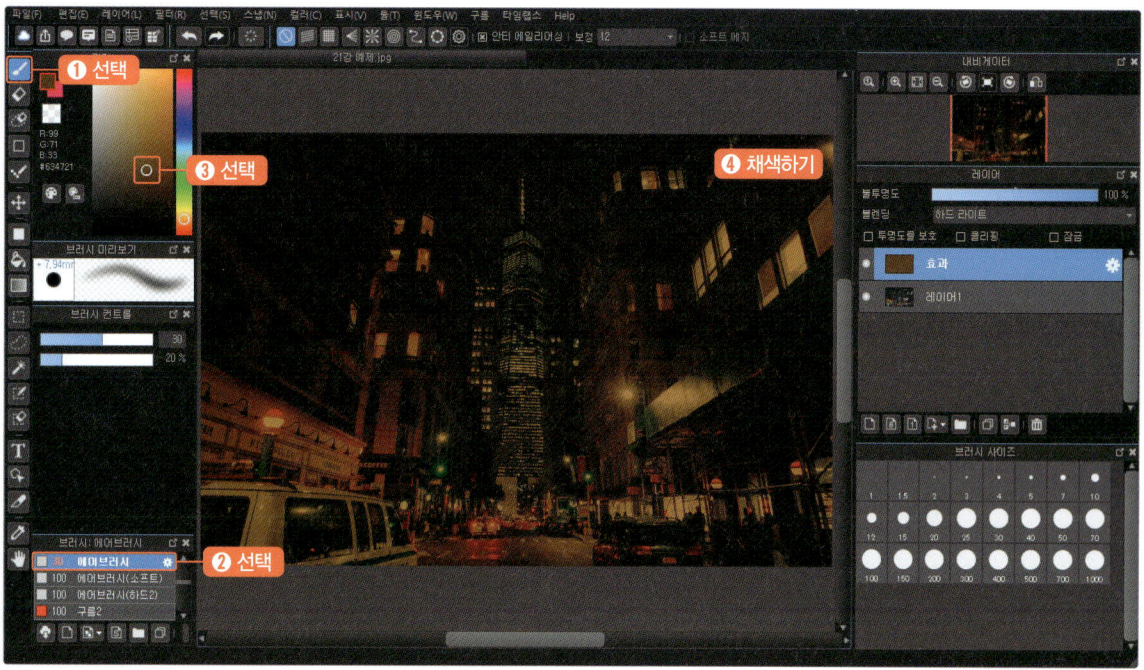

 전체 채색하기

브러시 사이즈를 크게 변경하여 레이어를 칠하면 빠르게 배경을 채색할 수 있습니다.

⑤ 빛을 표현하기 위해 [레이어] 창에서 레이어의 추가( )를 클릭하고 레이어 이름을 '빛'으로 변경한 후 블렌딩을 '더하기·발광'으로 설정합니다.

❻ 표현하고 싶은 불빛의 색을 선택하고 '에어브러시'로 가로등이나 창문을 채색합니다.

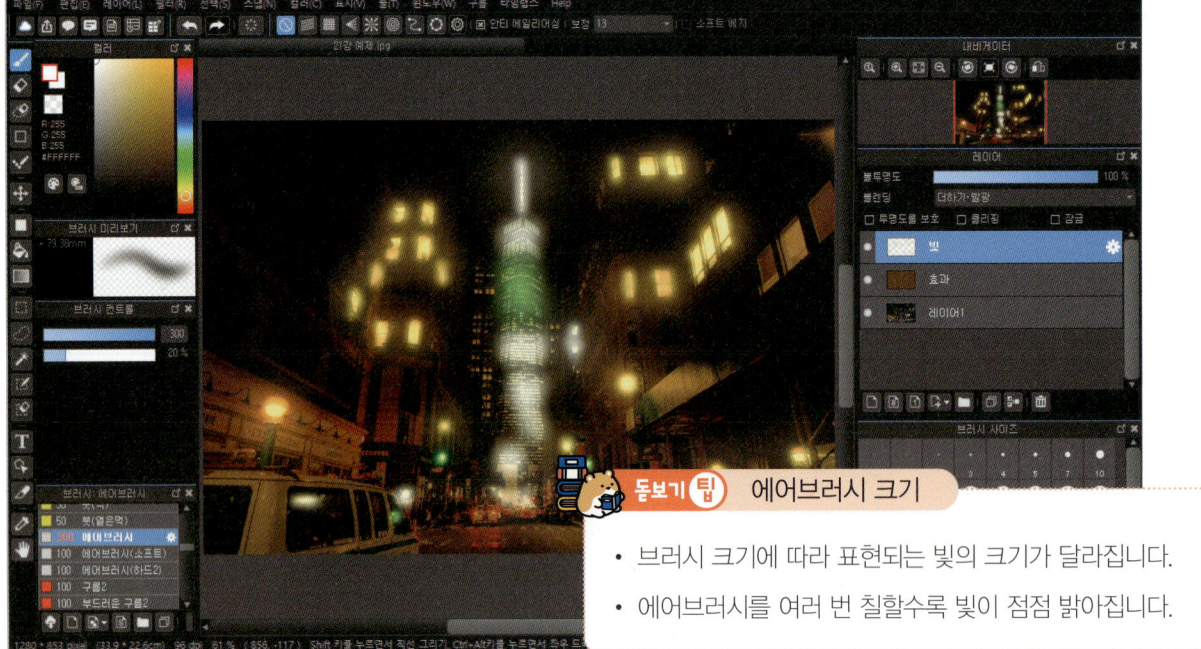

돋보기 팁 · 에어브러시 크기
- 브러시 크기에 따라 표현되는 빛의 크기가 달라집니다.
- 에어브러시를 여러 번 칠할수록 빛이 점점 밝아집니다.

❼ 조명이 빛나는 양을 조절하고 싶다면 [레이어] 창에서 레이어의 추가(📄)를 클릭하고 레이어 이름을 '조절'로 변경한 후 블렌딩을 '하드 라이트'로 설정한 뒤 에어브러시로 조절하고 싶은 곳을 어두운 색으로 채색합니다.

돋보기 팁 · 조명 효과의 장점
조명 효과를 넣으면 주변은 어둡고 넣은 부분은 밝게 표현되어 특정 구조물에 집중도를 높일 수 있습니다.

❽ 그림이 완성되면 [PNG] 파일로 저장해 봅니다.

CHAPTER 21 재미 팡팡! 레벨 UP

▶ 예제 파일 : 21강 레벨업 예제1.png, 21강 레벨업 예제2.mdp   ▶ 완성 파일 : 21강 레벨업 완성1~2.png

1 '21강 레벨업 예제1' 파일을 불러오고 레이어를 추가한 후 '더하기 · 발광' 블렌딩을 적용한 뒤 에어브러시를 활용하여 켜진 촛불을 표현해 봅니다.

2 '21강 레벨업 예제2' 파일을 불러오고 레이어를 추가한 후 '더하기 · 발광' 블렌딩을 적용한 뒤 에어브러시를 활용하여 켜진 전구를 표현해 봅니다.

CHAPTER 22 나만의 눈동자 그리기

#클리핑 #더하기·발광 #블렌딩 #곱셈

▶ 예제 파일 : 22강 예제.png   ▶ 완성 파일 : 22강 완성.png

오늘의 학습목표

- 눈동자의 모양을 그릴 수 있습니다.
- 블러 브러시로 눈동자의 경계선을 지울 수 있습니다.
- 블렌딩의 곱셈 기능으로 눈동자의 그림자를 추가할 수 있습니다.
- 블렌딩의 더하기·발광 기능으로 반짝이는 눈동자를 만들 수 있습니다.

핵심 POINT

▶ 브러시 툴(🖌) : 그림을 그릴 때 사용하는 도구입니다.
▶ 레이어의 추가(📄) : 새로운 레이어를 추가할 수 있습니다.
▶ 더하기·발광 : 아래 레이어에 설정된 색을 더하는 기능으로써 채색한 부분에 빛이 나는 효과가 있습니다.
▶ 클리핑 : 아래에 있는 레이어에만 색을 칠하거나 그림을 그릴 수 있는 기능입니다.

드로잉 스케치!

라희는 자신의 얼굴과 같은 반 짝꿍의 얼굴을 그리고 있었어요. "민기는 머리색이 갈색이고 눈동자는 동그라미 모양이구나! 그리고 항상 웃고 있으니까 눈동자를 반짝거리게 만들면 더 멋있을 거야!"

★ 그리고 싶은 눈동자를 그리고 색연필로 채색해 봅니다.

 머리나 얼굴도 채색해 봅니다.

돋보기 팁 | 눈동자의 모양

- 같은 얼굴이라도 눈동자의 모양에 따라 인상이 다르게 보입니다.
- 캐릭터의 감정이나 성격, 나이를 생각하여 눈동자를 그리는 것이 좋습니다.

Chapter 22. 나만의 눈동자 그리기

01 밑그림 채색하기

밑그림을 불러와 레이어를 추가한 뒤 채색해 봅니다.

❶ 메디방 페인트(🎨) 프로그램을 더블 클릭하여 실행한 후 [로그인], [medibang 클라우드 서비스] 등의 대화상자가 나타나면 전부 [닫기(X)]를 클릭하여 닫습니다.

❷ [파일]-[열기]를 클릭하고 [이미지 열기] 대화상자가 나타나면 '22강 예제' 파일을 선택한 후 [열기] 버튼을 클릭합니다.

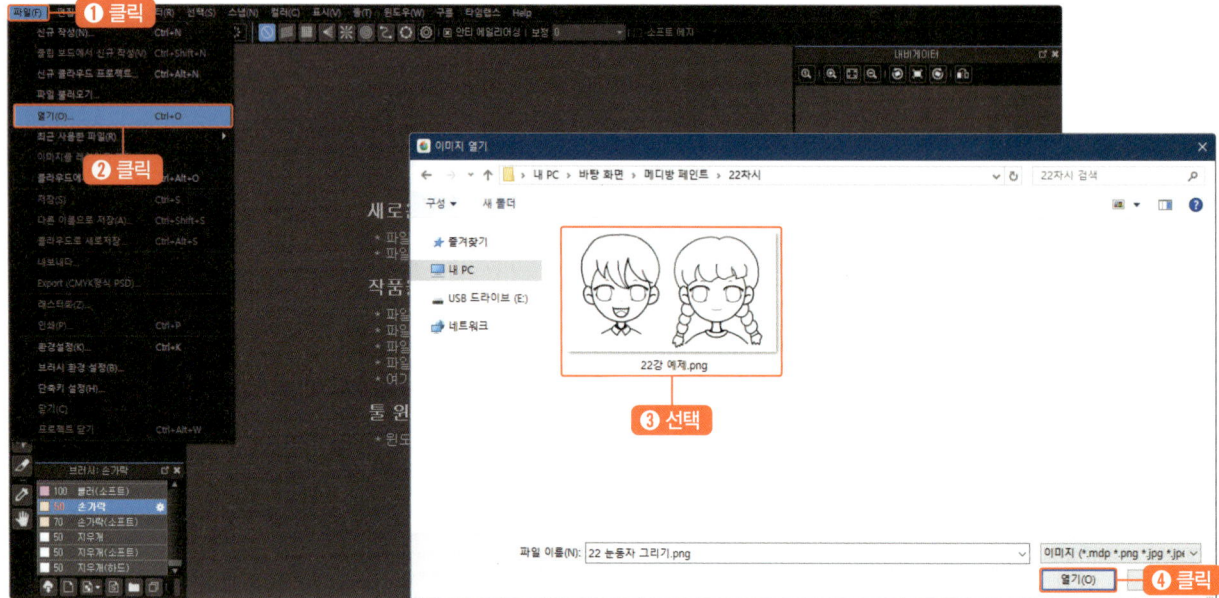

❸ [레이어] 창에서 레이어의 추가(📄)를 클릭하고 새로운 레이어를 추가한 후 레이어의 이름을 '채색' 으로 변경한 뒤 아래로 이동한 다음 버킷 툴(🪣)을 활용하여 눈동자를 뺀 나머지를 채색합니다.

02 눈동자 그리기

브러시와 블렌딩을 활용하여 반짝이는 눈동자를 완성해 봅니다.

① [레이어] 창에서 레이어의 추가()를 클릭하고 새로운 레이어를 추가한 후 이름을 '눈동자'로 변경합니다.

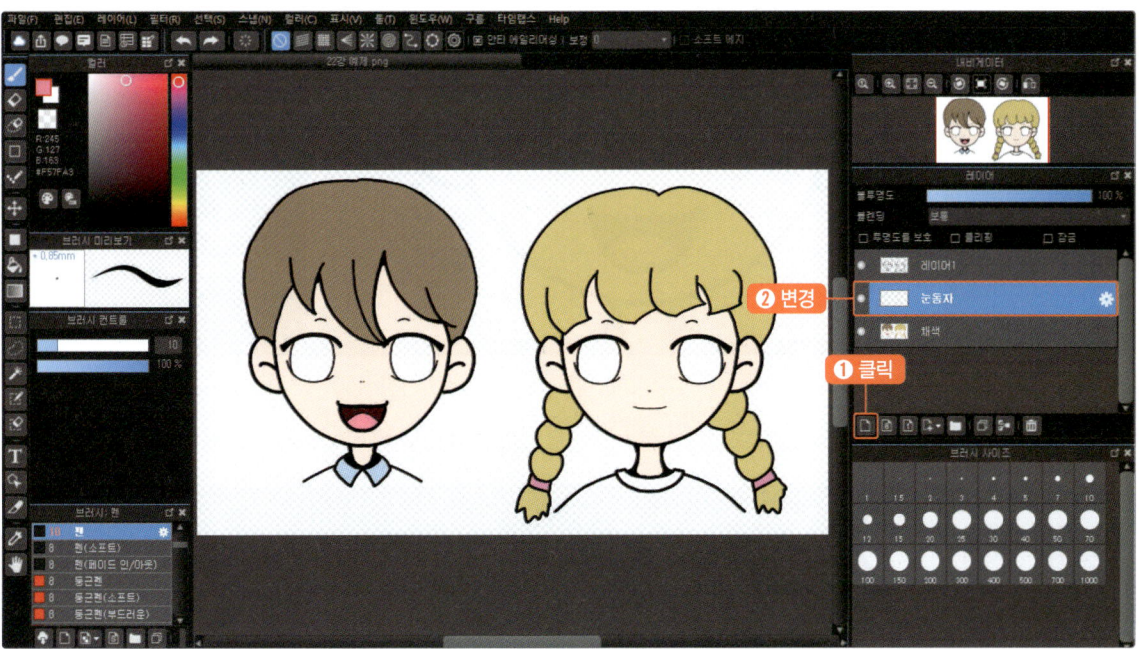

② 브러시 툴( )을 선택하고 아래와 같이 눈동자를 그립니다.

💡 눈동자 색은 자유롭게 선택합니다.

Chapter 22. 나만의 눈동자 그리기 **191**

❸ 브러시 툴( )로 아래와 같이 눈동자의 밝은 부분을 채색합니다.

❹ 브러시 툴( )로 아래와 같이 눈동자의 어두운 부분을 채색합니다.

   눈동자 채색하기

'눈동자'의 밝은 부분과 어두운 부분을 채색할 때 색상은 자유롭게 선택하여 채색합니다.

❺ [브러시] 창에서 '블러'를 선택하고 [브러시 컨트롤] 창에서 '블러 강도'의 값을 '100'으로 설정한 후 눈동자의 경계선을 드래그하여 경계선을 흐리게 만듭니다.

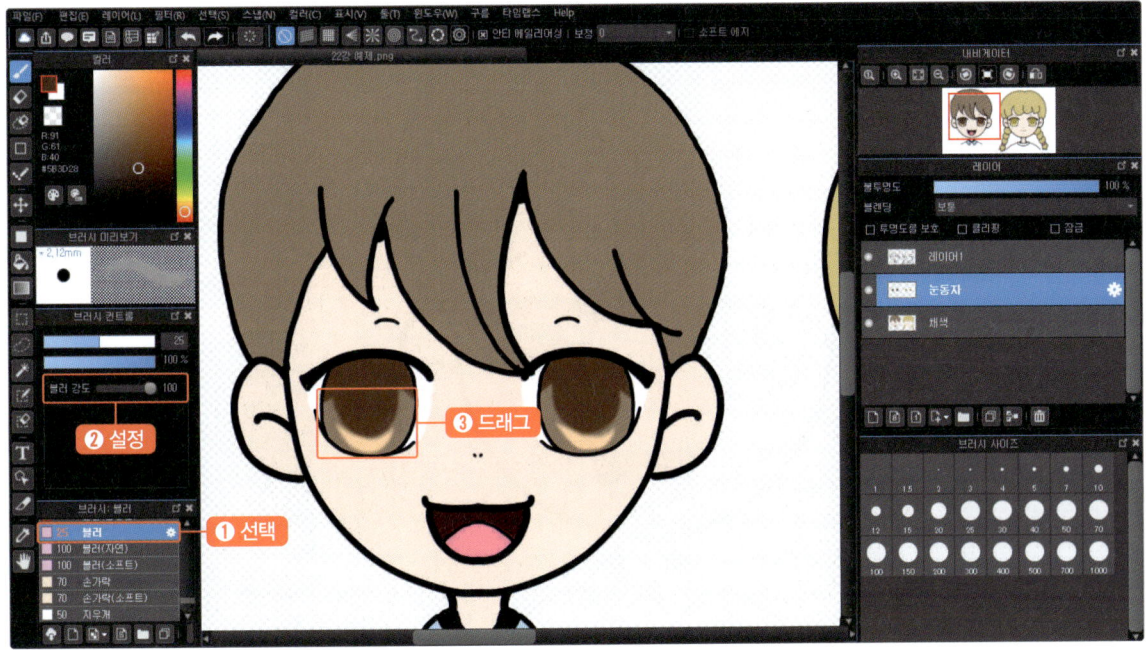

❻ [레이어] 창에서 레이어의 추가(🗒)를 클릭하고 새로운 레이어를 추가한 후 이름을 '그림자'로 변경한 뒤 블렌딩을 '곱셈'으로 설정한 다음 '클리핑'을 선택합니다. 그리고 [컬러] 창에서 색을 밝은 회색으로 변경한 뒤 눈동자의 그림자를 그립니다.

💡 곱셈 기능을 사용하더라도 흰색을 더욱 진하게 할 수 없기 때문에 색을 변경합니다.

Chapter 22. 나만의 눈동자 그리기 **193**

❼ [레이어] 창에서 레이어의 추가(📄)를 클릭하고 새로운 레이어를 추가한 후 이름을 '꾸미기'로 변경한 뒤 '꾸미기' 레이어의 순서를 맨 위로 이동한 다음 눈동자를 자유롭게 꾸며 봅니다.

❽ [레이어] 창에서 레이어의 추가(📄)를 클릭하고 새로운 레이어를 추가한 후 이름을 '빛'으로 변경합니다. 이어서 [브러시] 창에서 에어브러시를 선택하고 반짝이게 만들 부분을 그린 후 블렌딩을 '더하기·발광'으로 설정합니다.

돋보기 팁 빛 표현하기
브러시 색은 밝은 색으로 선택해야 빛을 표현할 수 있습니다.

❾ 그림을 완성하고 [파일]-[다른 이름으로 저장]을 클릭한 후 [PNG] 파일로 저장합니다.

CHAPTER 22 재미 팡팡! 레벨 UP

▶ 예제 파일 : 22강 레벨업 예제.png   ▶ 완성 파일 : 22강 레벨업 완성.png

1 인터넷에서 '눈동자 그리기'를 검색하여 다양한 눈동자 그리기 방법을 확인합니다.

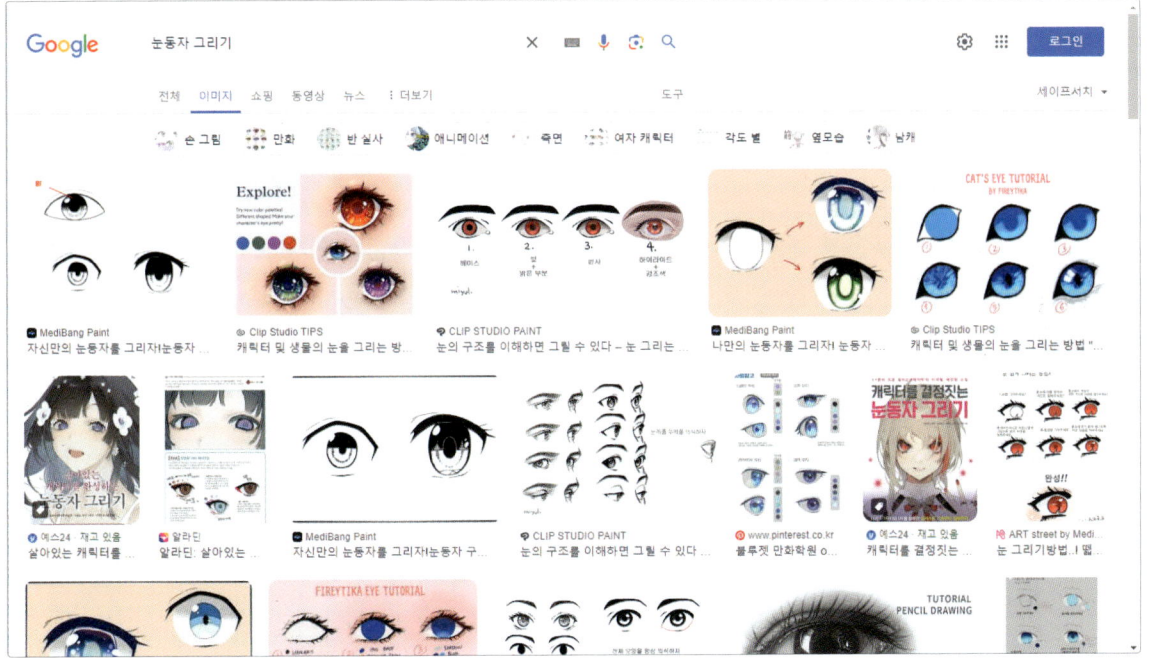

2 '22강 레벨업 예제' 파일을 불러와 인터넷에서 검색한 채색 방법으로 눈동자를 그리고 채색해 봅니다.

Chapter 22. 나만의 눈동자 그리기

CHAPTER 23 분위기 반전시키기

#레벨 보정 #톤 커브 #오버레이

▶ 예제 파일 : 23강 예제.png   ▶ 완성 파일 : 23강 완성.png

오늘의 학습목표

- 톤 커브와 레벨 보정으로 이미지의 밝기를 조절할 수 있습니다.
- 블렌딩의 오버레이 기능을 활용하여 그림의 전체 분위기를 통일할 수 있습니다.
- 블렌딩의 소프트 · 하드 라이트 기능을 활용하여 어두운 곳과 밝은 곳을 표현할 수 있습니다.

핵심 POINT

- ▶ 브러시 툴() : 그림을 그릴 때 사용하는 도구입니다.
- ▶ 레벨 보정 : 이미지의 전체 밝기를 조절합니다.
- ▶ 톤 커브 : 일부 이미지의 밝기를 조절할 수 있습니다.
- ▶ 오버레이 : 이미지에 다른 색을 추가하여 색의 분위기를 맞춥니다.

드로잉 스케치!

원영이는 여름방학 때 놀러갔던 바닷가에서 찍은 사진을 정리하고 있었어요. "배경이 너무 어둡게 나왔는데? 좀 더 화사하게 바꾸고 싶어. 밝기도 올리고 색도 추가해야겠다. 브러시로 반짝이는 효과도 넣어봐야지!"

★ 왼쪽의 완성작품과 비교하여 차이점과 느낀점을 작성해 봅니다.

Chapter 23. 분위기 반전시키기

01 분위기 변화시키기

따로 추가된 배경과 캐릭터가 어울리도록 분위기를 변화시켜 봅니다.

① 메디방 페인트(🎨) 프로그램을 더블 클릭하여 실행한 후 [로그인], [medibang 클라우드 서비스] 등의 대화상자가 나타나면 전부 [닫기(X)]를 클릭하여 닫습니다.

② [파일]-[열기]를 클릭하고 [이미지 열기] 대화상자가 나타나면 '23강 예제' 파일을 선택한 후 [열기] 버튼을 클릭합니다.

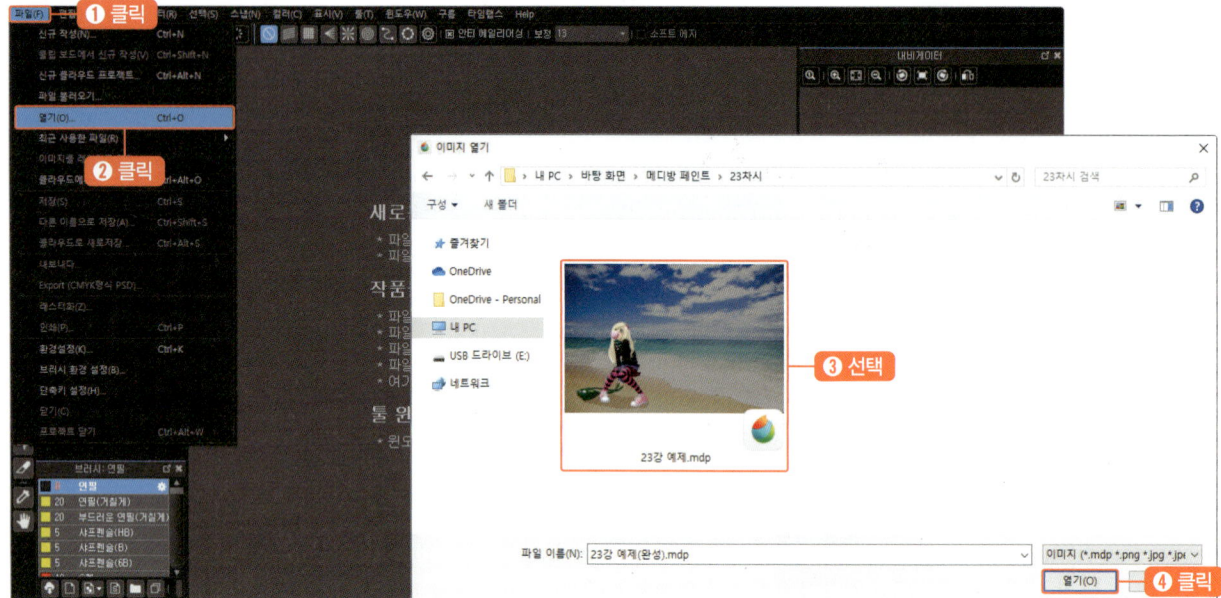

③ 배경의 색을 보정하기 위해 '배경' 레이어를 선택하고 [필터]-[레벨 보정]을 클릭한 후 [레벨 보정] 대화상자가 나타나면 [입력] 부분의 '▲'을 드래그하여 배경을 밝게 조절한 뒤 [확인] 버튼을 클릭합니다.

198 알록달록 디지털 드로잉 **메디방 페인트**

④ [레이어] 창에서 '캐릭터' 레이어를 선택하고 [필터]-[톤 커브]를 클릭한 후 [톤 커브] 대화상자가 나타나면 선을 조절한 뒤 [확인] 버튼을 클릭하여 배경과 어울리는 톤으로 캐릭터의 색을 보정합니다.

돋보기 팁 — 톤 커브의 선 이동

선을 잘못 이동했을 경우 검은색 점을 드래그하거나 [리셋]을 눌러 다시 설정합니다.

돋보기 팁 — 레벨 보정과 톤 커브의 차이점

- 레벨 보정은 이미지 전체의 색상을 보정할 수 있습니다.
- 톤 커브는 특정 영역의 톤을 보정할 수 있습니다.

⑤ 그림의 분위기를 맞추기 위해 [레이어] 창에서 레이어의 추가(📄)를 클릭하고 이름을 '오버레이'로 변경한 후 블렌딩을 '오버레이'로 설정합니다.

Chapter 23. 분위기 반전시키기

❻ [컬러] 창에서 '배경' 레이어와 '캐릭터' 레이어에 어울리는 색을 선택하고 키보드에서 Insert 키를 눌러 '오버레이' 레이어에 색을 적용합니다.

❼ [레이어] 창에서 '오버레이' 레이어의 '불투명도' 값을 '배경' 레이어와 '캐릭터' 레이어에 어울리도록 조절합니다.

그림이 주는 느낌을 확인하며 레이어의 불투명도를 자유롭게 조절해 봅니다.

 오버레이 설정

'배경'과 '캐릭터' 레이어는 '오버레이' 레이어에 적용된 색에 따라 다른 느낌으로 표현됩니다.

02 다양한 블렌딩 효과 적용하기

하드 라이트, 더하기·발광 등 블렌딩 기능을 활용하여 분위기를 자유롭게 변경해 봅니다.

❶ [레이어] 창에서 레이어의 추가(📄)를 클릭하고 이름을 '하드 라이트'로 변경한 후 블렌딩을 '하드 라이트'로 설정한 뒤 [브러시] 창에서 에어브러시를 선택한 다음 배경의 일부분을 어둡게 채색합니다.

❷ [레이어] 창에서 레이어의 추가(📄)를 클릭하고 이름을 '소프트 라이트'로 변경한 후 블렌딩을 '소프트 라이트'로 설정한 뒤 에어브러시로 색을 바꿔가며 채색합니다.

Chapter 23. 분위기 반전시키기 **201**

③ [레이어] 창에서 레이어의 추가(🗋)를 클릭하고 이름을 '발광'으로 변경한 후 블렌딩을 '더하기 · 발광'으로 설정한 뒤 에어브러시로 반짝임을 표현합니다.

④ 앞서 배운 기법들을 활용하여 자신만의 스타일로 그림을 완성하고 [PNG] 파일로 저장합니다.

CHAPTER 23 재미 팡팡! 레벨 UP

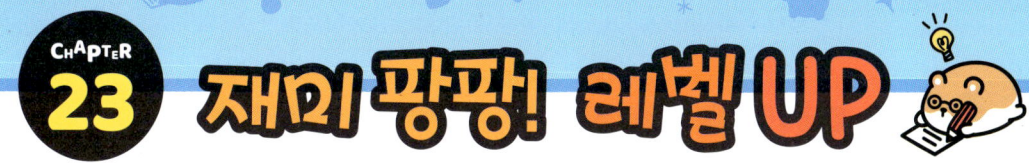

▶ 예제 파일 : 23강 레벨업 예제.mdp   ▶ 완성 파일 : 23강 레벨업 완성.png

1 '23강 레벨업 예제' 파일을 불러와 '캐릭터'와 '배경'의 분위기를 밝게 맞춰 봅니다.

2 블렌딩의 '하드 라이트'와 '소프트 라이트' 기능을 활용하여 이미지를 자유롭게 꾸며 봅니다.

CHAPTER 24 웹툰 작가 도전하기!

#업로드 #웹툰 #썸네일

▶ 예제 파일 : 24강 예제-1~15.png   ▶ 완성 파일 : 24강 완성.png

오늘의 학습목표

- 나만의 스토리를 작성하고 장면을 스케치할 수 있습니다.
- 캔버스를 생성하고 스케치한 장면을 그림으로 그릴 수 있습니다.
- 말풍선과 텍스트를 추가하여 원고를 완성할 수 있습니다.
- 완성된 원고의 제목을 정할 수 있습니다.

핵심 POINT

- ▶ 선택 툴 ( ) : 선택한 도형으로 영역을 지정할 수 있는 도구입니다.
- ▶ 버킷 툴 ( ) : 선으로 둘러싸인 곳의 색을 한번에 채울 수 있는 도구입니다.
- ▶ 텍스트 툴 (T) : 글자를 입력할 수 있는 도구입니다.
- ▶ 선택 경계 그리기 : 선택된 영역의 테두리에 선이 그려집니다.

드로잉 스케치!

메디방 페인트 수업을 모두 마친 가온이는 드디어 웹툰을 그리려고 합니다! 스토리 구성부터 만화 스케치까지! 가온이처럼 여러분만의 이야기를 만들어 볼까요?

★ 나만의 웹툰 스토리를 작성하고 장면을 스케치해 봅니다.

💡 정교한 작업은 메디방 페인트에서 진행하므로 대략적인 장면을 연필로 그려 봅니다.

Chapter 24. 웹툰 작가 도전하기! **205**

01 웹툰 그림 준비하기

새로운 캔버스를 생성하여 작성한 스토리대로 웹툰에 필요한 그림을 완성해 봅니다.

① 메디방 페인트( ) 프로그램을 더블 클릭하여 실행한 후 [로그인], [medibang 클라우드 서비스] 등의 대화상자가 나타나면 전부 [닫기(X)]를 클릭하여 닫습니다.

② [파일]-[신규 작성]를 클릭하고 [이미지의 신규 작성] 창이 나타나면 폭을 '690' pixel, 높이를 '690' pixel를 입력한 후 [확인] 버튼을 클릭합니다.

③ '드로잉 스케치!'에서 그린 스케치를 참고하여 웹툰에 필요한 그림들을 완성한 후 그림을 저장합니다.

돋보기 팁 · 웹툰 가로 사이즈

네이버 웹툰의 캔버스 가로 사이즈는 '690' pixel이어야 업로드가 가능하므로 원고 사이즈를 생각하며 그림을 그립니다.

02 웹툰 그림 가져오기

불필요한 캔버스를 닫고 새로운 캔버스를 생성하여 완성한 웹툰 그림을 가져와 봅니다.

① [파일]-[신규 작성]를 클릭하고 [이미지의 신규 작성] 대화상자가 나타나면 폭은 '690' pixel, 높이는 '5000' pixel을 입력한 후 [확인] 버튼을 클릭합니다.

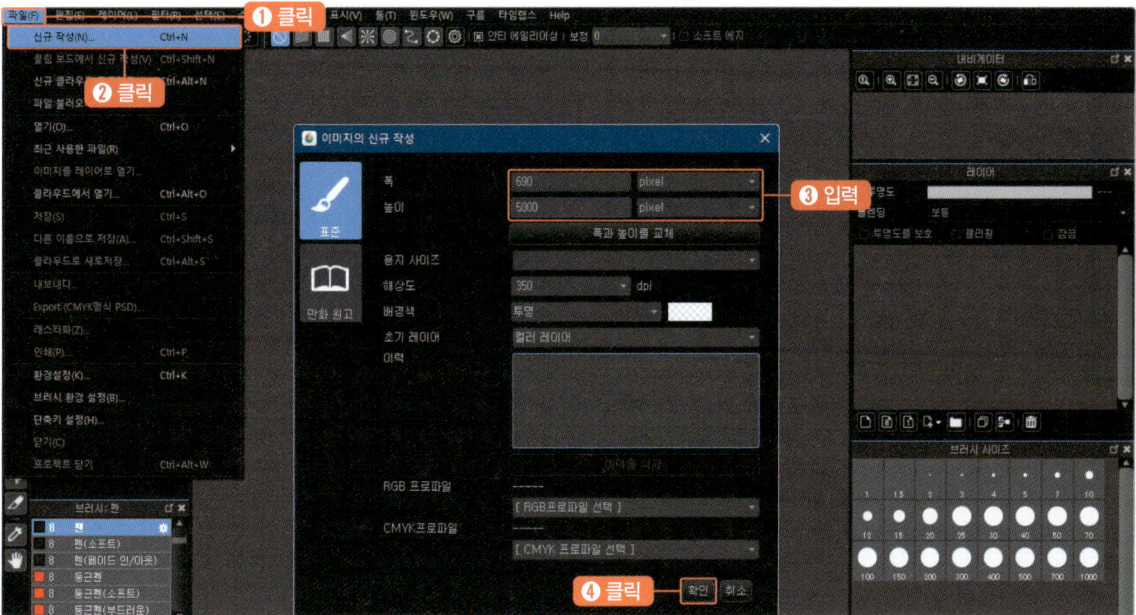

② [파일]-[열기]를 클릭하여 스토리대로 완성된 첫 번째 그림을 불러오고 키보드에서 Ctrl + A 키를 눌러 전체를 선택한 후 Ctrl + C 를 눌러 그림을 복사합니다.

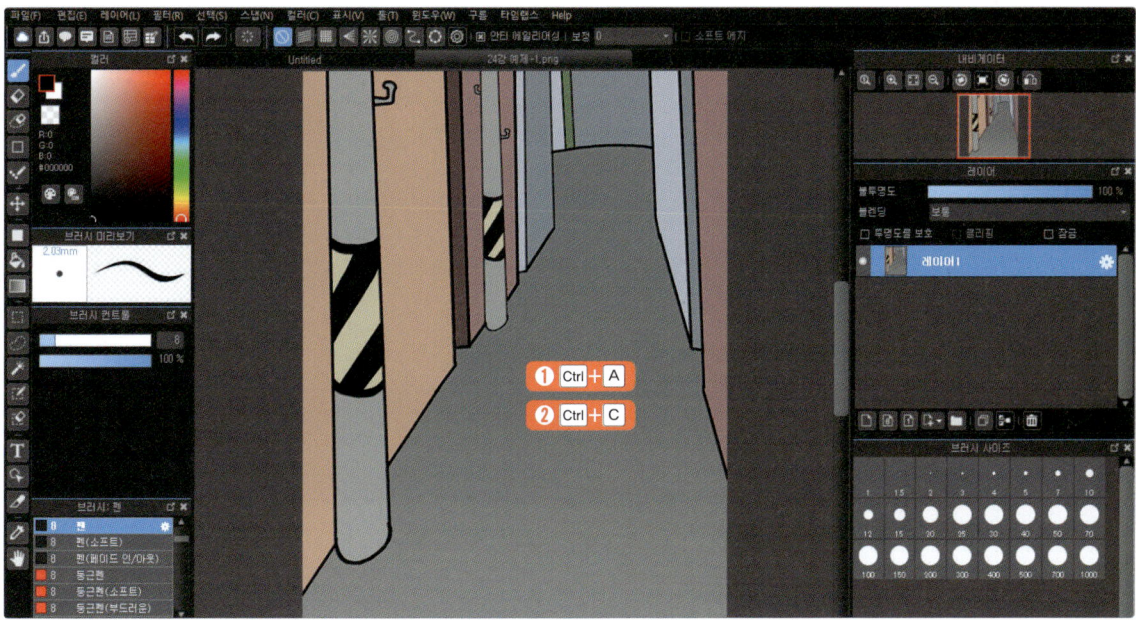

> 준비된 그림이 없다면 예제 파일을 사용하도록 합니다.

Chapter 24. 웹툰 작가 도전하기! **207**

❸ 처음 생성한 캔버스로 돌아와 키보드에서 Ctrl+V 키를 눌러 그림을 캔버스에 붙여넣고 이동 툴(✥)을 선택한 후 위치를 조정합니다.

돋보기 팁 | 제목 공간 만들기

첫 번째 그림을 붙여 넣을 때 맨 위에 제목을 추가할 부분을 생각하면서 위치를 조정합니다.

❹ 그림에 테두리를 추가하기 위해 [레이어] 창에서 추가한 레이어를 Ctrl 키를 누른 채 클릭하고 [선택]-[선택 경계 그리기]를 클릭한 후 두께를 '5' pixel로 설정한 뒤 [확인] 버튼을 클릭합니다.

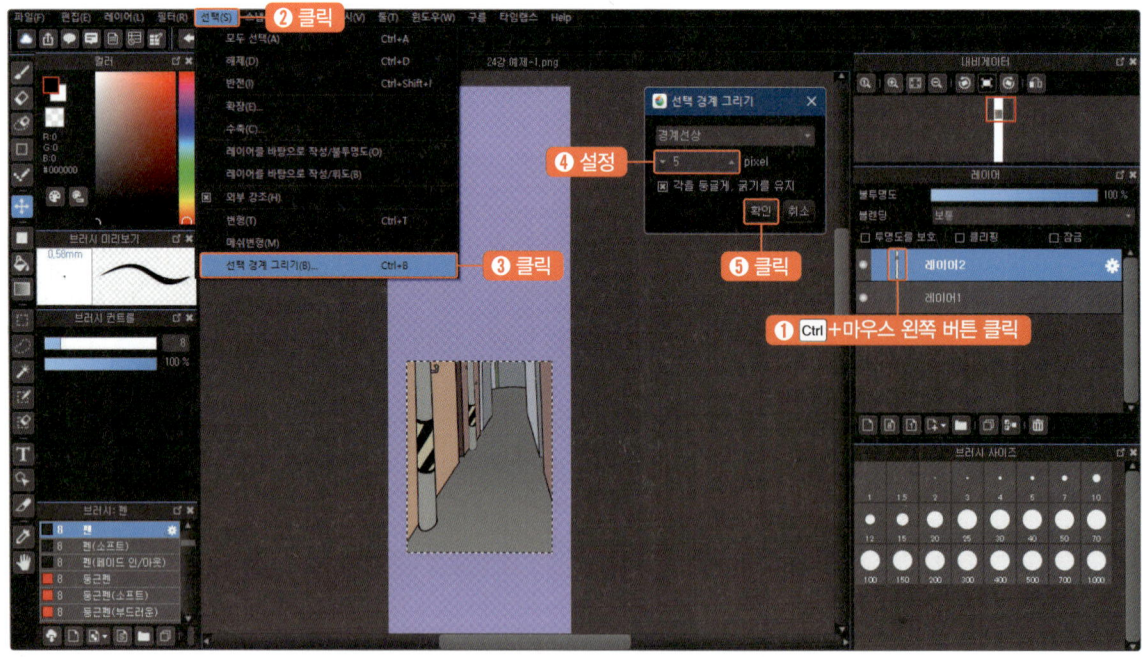

돋보기 팁 | 그림의 위치와 크기 설정

그림의 위치나 크기는 Ctrl+T 키를 누르고 자유롭게 설정합니다.

208 알록달록 디지털 드로잉 **메디방 페인트**

❺ ❷~❹와 같은 방법으로 작성한 스토리에 맞게 그림을 순서대로 가져와 캔버스에 붙여넣고 테두리를 추가해 봅니다.

돋보기 팁 - 캔버스 사이즈 조절

작업 도중 캔버스의 높이가 짧을 경우 [편집]-[캔버스 사이즈]를 클릭하고 [상 중앙]을 체크한 후 높이를 기존보다 크게 설정한 뒤 [확인] 버튼을 클릭합니다.

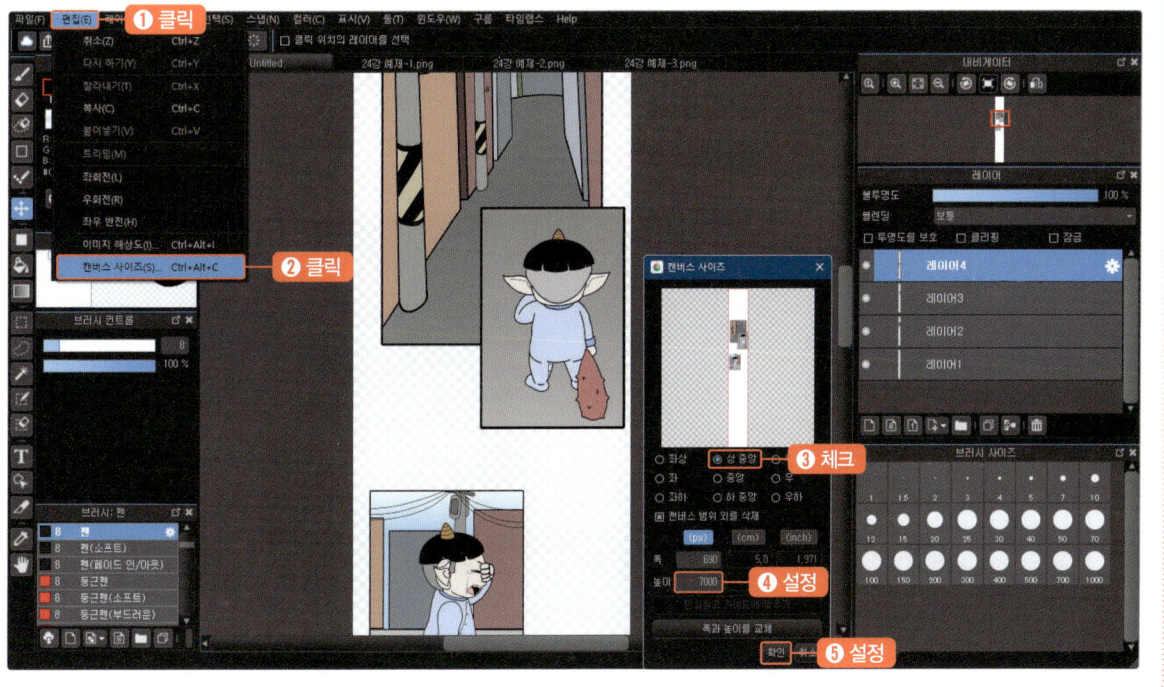

Chapter 24. 웹툰 작가 도전하기! **209**

03 말풍선을 추가하고 대사 작성하기

그림을 모두 가져오면 새로운 레이어를 생성한 후 말풍선과 텍스트를 그림에 추가해 봅니다.

❶ [레이어] 창에서 레이어의 추가(□)를 클릭하고 새로운 레이어를 추가한 후 이름을 '말풍선'으로 변경한 뒤 도구메뉴에서 선택 툴(□)을 선택한 다음 '타원'과 '다각형'을 활용하여 말풍선을 그립니다.

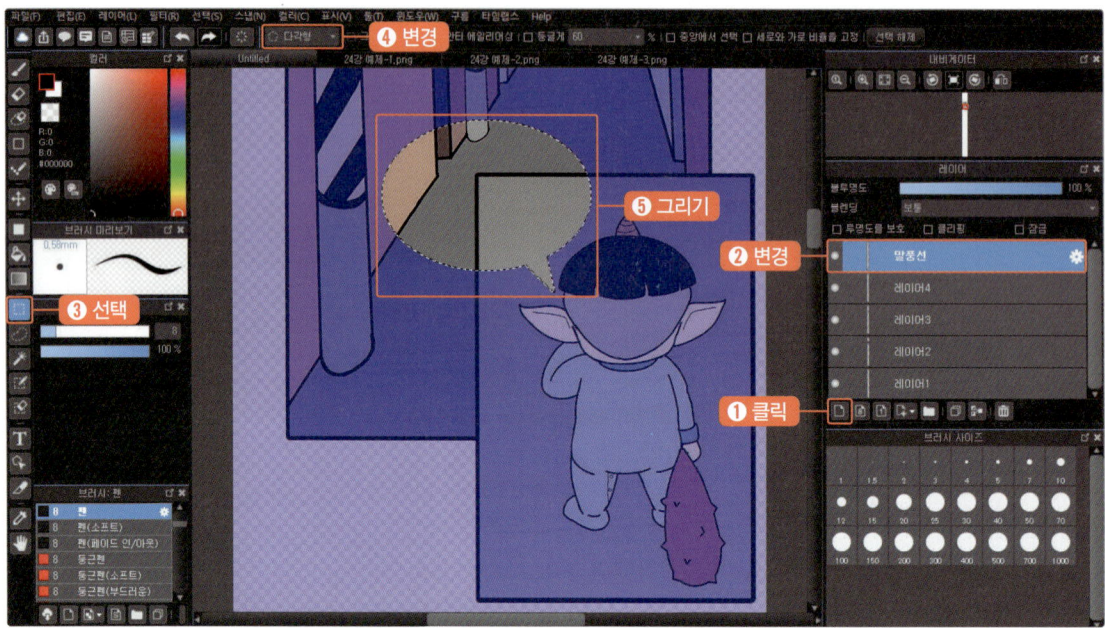

❷ [컬러] 창에서 흰색을 선택하고 키보드에서 Insert 키를 누른 후 색을 채운 뒤 [컬러] 창에서 검은색을 선택합니다. 그리고 [선택]-[선택 경계 그리기]를 클릭하고 두께를 '5' pixel로 설정한 후 [확인] 버튼을 클릭한 뒤 말풍선에 테두리를 추가합니다.

돋보기 팁 말풍선의 테두리 색

[컬러] 창에 선택된 색으로 말풍선의 테두리 색이 정해집니다.

❸ ❶~❷와 같은 방법으로 말풍선을 전부 추가하고 레이어의 추가(□)를 클릭한 후 텍스트 툴(T)을 선택한 뒤 말풍선 안에 텍스트를 입력한 다음 [확인] 버튼을 합니다.

❹ 레이어의 추가(□)를 클릭하고 텍스트 툴(T)을 활용하여 재미 요소인 의성어와 의태어를 추가한 후 원고를 'jpg' 파일로 저장합니다.

돋보기 팁 의성어와 의태어

- 의성어 : 사람이나 사물의 소리를 흉내 낸 말로 '멍멍', '땡땡', '우당탕' 등이 있습니다.
- 의태어 : 사람이나 사물의 모양이나 움직임을 흉내 낸 말로 '아장아장', '엉금엉금', '번쩍번쩍' 등이 있습니다.

말풍선이 없는 텍스트에 테두리를 적용해도 됩니다.

04 웹툰 제목 추가하기

스토리에 어울리는 제목을 결정하고 원고 상단에 제목을 추가해 봅니다.

① 저장한 원고를 열고 위쪽으로 이동한 후 레이어의 추가(▢)를 클릭합니다.

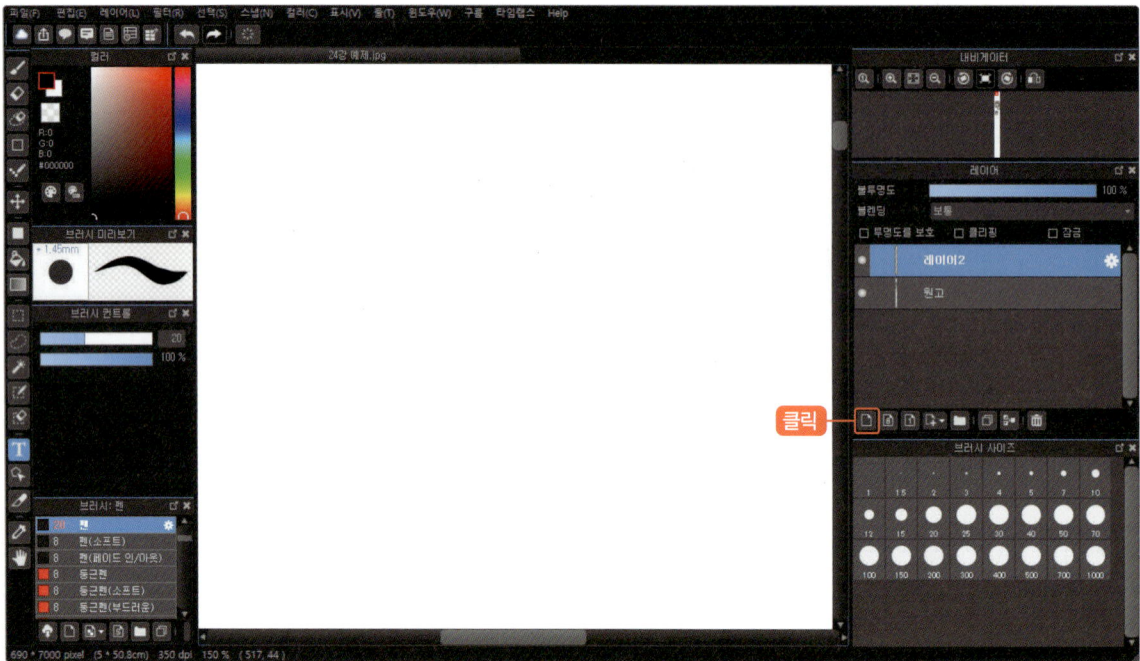

② 제목을 꾸밀 그림이 있을 경우 [파일]-[열기]를 클릭하여 그림을 추가하고 레이어의 설정(✱)을 클릭한 후 이름을 변경합니다.

❸ 레이어의 추가(📄)를 클릭하고 브러시로 제목을 그리거나 텍스트 툴(T)을 활용하여 어울리는 제목을 입력합니다.

❹ 텍스트 툴(T)을 선택하고 웹툰 제목 아래에 1화의 제목을 입력합니다.

💡 1화의 제목도 브러시로 그리거나 그림을 활용해도 됩니다.

❺ 웹툰이 완성되면 [파일]-[다른 이름으로 저장]을 클릭하여 [JPG] 파일로 저장합니다.

Chapter 24. 웹툰 작가 도전하기! **213**

05 웹툰 완성하기

웹툰을 완성시키고 감상해 봅니다.

- 제 1 화 -
새로운 친구를 사귀어요.

아도는 인간 세계에서
새로운 친구를 사귀었어요.

CHAPTER 24 재미 팡팡! 레벨 UP

▶ 예제 파일 : 없음   ▶ 완성 파일 : 24강 레벨업 완성.png

1 네이버에 접속하고 '도전 만화'를 검색한 후 여러 웹툰들의 썸네일을 확인해 봅니다.

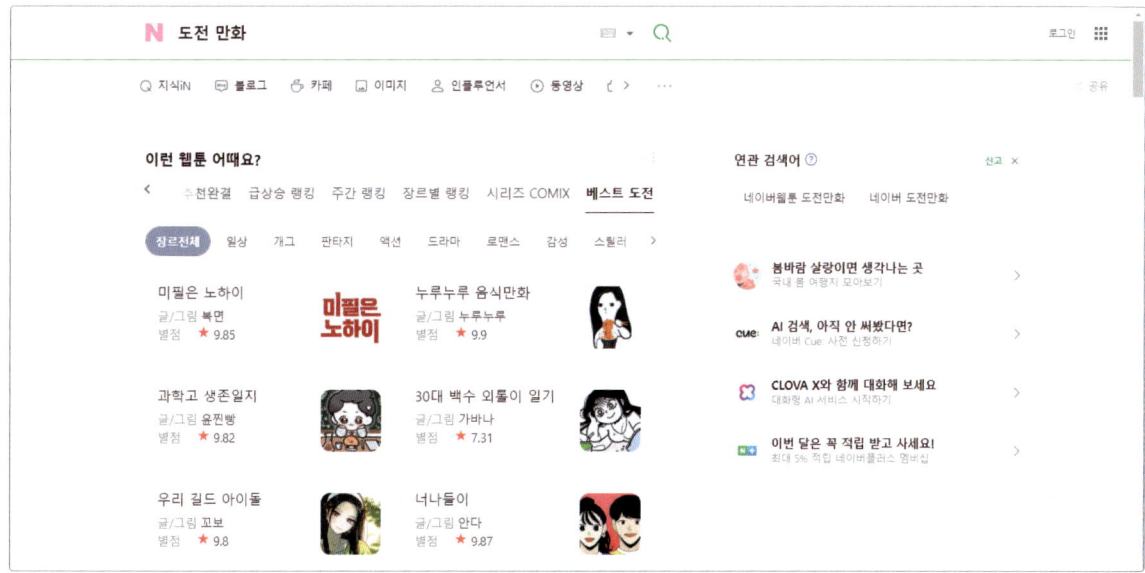

❗ 썸네일이란 웹툰의 정보를 한눈에 알아볼 수 있도록 작게 줄인 이미지를 의미합니다.

2 폭을 '600' pixel, 높이를 '315' pixel로 설정하고 새로운 캔버스를 생성한 후 24차시에서 완성한 원고에 어울리는 썸네일을 만들어 봅니다.

❗ 교재 앞쪽에 있는 '네이버 웹툰에 작품 올리기'를 참고하여 만든 웹툰을 업로드할 수 있습니다.

초등 전과목
디지털학습 플랫폼

디지털 초^크

첫 달 100원
무제한 스터디밍

지금 신규 가입하면
첫 달 ~~9,500원~~ → 100원!

초등 전과목
교과 학습

AI 문해력
강화 솔루션

AI 수학 실력
향상 프로그램

웹툰으로 만나는
학습 만화

초중고 교과서 발행 부수 1위 기업 **MiraeN**